林业经济与管理学术文库

集体林权制度改革中的林地林木流转研究

谢 屹 著

中国林業出版社

图书在版编目（CIP）数据

集体林权制度改革中的林地林木流转研究/谢屹著. –北京：中国林业出版社，2009.7
（林业经济与管理学术文库）
ISBN 978-7-5038-5605-1

Ⅰ. 集… Ⅱ. 谢… Ⅲ. ①集体经济：林业经济–经济体制改革–研究–江西省 ②林地–交易–研究–江西省 ③林木–交易–研究–江西省 Ⅳ. F326.275.6

中国版本图书馆 CIP 数据核字（2009）第 086849 号

出版 中国林业出版社（100009 北京西城区刘海胡同 7 号）
网址 www.cfph.com.cn
E-mail forestbook@163.com **电话** 010–83222880
发行 中国林业出版社
印刷 北京林业大学印刷厂
版次 2009 年 7 月第 1 版
印次 2009 年 7 月第 1 次
开本 787mm × 960mm 1/16
印张 11.75
字数 230 千字
印数 1～1000 册
定价 45.00 元

序

中共中央、国务院于2003年颁布《关于加快林业发展的决定》后，我国于2004年在福建、江西、浙江、辽宁等省开始了新一轮集体林权制度试点改革。至2008年，中共中央、国务院出台了《关于全面推进集体林权制度改革的意见》，林权制度改革得以在全国正式实施。此次改革已成为深化农村改革的重要内容和重大举措，被认为与"家庭联产承包责任制"具有同等重要的意义，有助于解决"三农"问题中的核心问题——农民增收问题，以期能激发林业生产经营积极性和提高林业生产力水平。

在我国林权制度改革的试点省份，通过"赋权到户"等具体改革措施，农户成为大部分集体林地和林木的权利主体。在改革前，村委会通常统一支配集体林地林木处置权。确权工作完成后，农户则拥有了林地和林木较为完整的处置权，可就被赋权的林地林木选择自行经营获取多次的营林收益，抑或转让给他人经营获取一次性的流转收益。不仅如此，农户还可以转入林地林木以扩大生产规模，更好实现林业生产的规模效益。不可置否的是，农户林地林木流转行为必然处于由此次改革所产生的各项新制度安排形成的制度框架约束之内。由此，是不是可能会出现由于进入市场的交易成本过高，而使得具有流转意愿的农户难以实现流转？进入市场完成交易的农户，由于交易费用、交易主体不对称等因素，使得流转收益难以充分实现？换而言之，改革形成的流转制度安排极有可能偏离原本设定的目标，从而影响到林权制度改革绩效。此外，"赋权到户"使得林业生产单位数量剧增、规模骤减，农户是否参与林地林木流转不仅影响到自身林业收益实现情况，还将影响到规模化林业生产格局能否形成，以及林业生产力水平能否提高。

本书著者以江西省集体林权制度改革作为分析背景，借鉴了国内外最新的研究成果，综合运用了规范和实证研究方法，对林地林木流转这一逐渐活跃的经济活动及其内在的经济规律进行了系统分析，对上述有关流转的问题进行了逐一回答。结论可为深化和优化集体林权制度改革提供科学决策依据，选择的研究视角和研究方法对于今后相关研究具有一定的学术借鉴价值。作为著者的导师，看到这一成果的出版倍感欣慰，同时也希望著者能坚持从事该领域研究，不断提升科研能力和学术水平。

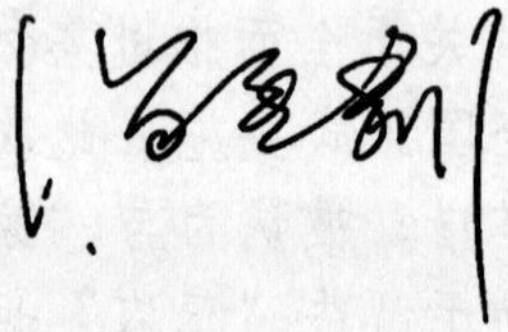

2009 年 3 月 31 日

于北京林业大学

前言

《集体林权制度改革中的林地林木流转问题研究》一书是著者在博士学位论文基础上修改完成的。本研究以江西省集体林权制度改革中的集体林地林木流转作为研究对象，基于对该省集体林权制度改革的分析，总结了流转面对的新制度安排，以及流转对改革目标实现的作用；通过分析流转现状，总结了流转特点，并确定了需深入研究的命题；通过比较农户实际流转收益与理论流转收益，分析了流转收益是否具有合理性；基于林地林木转出方——农户的主体特征和流转行为的分析，探析了农户流转行为的影响因素；基于受让方主体特征和流转行为分析，探析了在制度约束下的受让方主体行为；针对流转现状，探析了政策规制的形成、体现及发展趋势；文章最后提出了政策建议。

本研究采用了规范研究与实证研究相结合的研究方法。规范研究主要用于分析林地林木流转现状及特点，流转主体特征，流转相关制度安排等方面。在实证研究中，运用了描述统计方法、二分类 Logistic 回归模型、多元线性回归分析模型、福斯特曼（Faustmann）林价公式、林木销售价法等定量分析方法。其中，二分类 Logistic 回归模型用于分析农户是否转出林地林木的影响因素；多元线性回归分析用于确定在转出林地林木的农户群体中，上述因素的影响是否具有差异。基于福斯特曼林价公式，分别推导了农户理论流转收益、受让方理论管理费计算公式型。林木销售价法用于计算活立木理论流转收益。通过实地调查和二手资料收集，获得了分析所需数据。

本研究结论如下：第一，集体林地林木流转的开展情况对于集体林权制度改革目标实现的影响重大；第二，集体林地林木流转现状反映了现行流转制度安排；第三，农户通过流转得以增收，但流转收益并不完全具有合理性；第四，农户转出林地林木行为受制度认知程度、非农生产活动、林业生产投入和家庭状况等多层面因素影响；第五，受制度约束影响，受让方流转行为呈现差异性；第六，政策规制的存在，影响了流转市场发育。

本研究提出的政策建议为：第一，进一步明确林业管理部门职能，淡化中介服务角色，加强行政管理职能；第二，完善流转市场机制，允许多种流转模式共存；第三，发展中介服务组织，建立中介服务组织资格准入制度和考核制度，以确保中介服务的质量；第四，推动农户合作组织形成，实现生产要素汇集，提高农户流转选择权；第五，完善林业生产制度、限额采伐制度，适度增加采伐指标额度。

著 者

2009 年 3 月 20 日

Preface

The book, named as *the Insititutional Reform of the Collective Forest and Transfer of Forestlands and Stumpages*, *Case Study on Jiangxi Province*, was published on the revision of the graduation dissertation for application of the Ph. D. degree by the author.

The main objective of this study is to examine the ongoing property right reform of collective owned forests and to investigate the factors that determine forest land and stumpage transfer. By analyzing the collective forest property right reform, institutional arrangements on forest land and stumpage, and transfer status, we assessed the effects of the forest transfer on the achievement of the aims for forest property right reform. The benefits for farmers to manage the forest for timber production were compared with the income from transferring the forest land and stumpage. Through this comparison we determined whether the farmers received reasonable benefits when transferring their forests. Moreover, based on a examination of farmers' characters, the paper analyzed the factors which affect their behaviors. Those who were willing to introduce forest land consisted of companies that were engaged in managing forests, and those to introduce stumpage being timber businessmen. Formulation, representation and tendency of policy regulation were disscused by analyzing on current transfer, and then policy advices were put forward in the end.

Normative and empirical study methods were jointly applied in the research. The normative study method was mainly used to analyze status and characteristics of forest land and stumpage, characters of the parties involved in the transfer, institutional arrangement of the transfer, etc. The empirical study methods consisted of *Descriptive Statistics*, *Multinomial Linear Regression Model*, *Binary Logstic Regression Model*, *Faustmann Froest Price Formula*, *Forest Sale Price Method* etc. More specifically, a *Binary Logstic Regression Model* was used to analyze factor affecting whether farmers transferred forestland and stumpage or not, and a *Multinomial Linear Regression Model* was applied to analyze factors affecting the quantities of forest land and stumpage transferred by farmers. Based on *Faustmann Froest Price Formula*, a comparative analysis model was set up to compare benefits from transferring forest land and stumpage and keeping them for producing timber. Another model was used to compare theoretic and actual forest management costs. The *Forest Sale Price Method* was applied to calculate theoretic benefit from transferring stumpage. Data for the study were collected by field survey and collection of second-hand material.

The main conclusions of the study include: 1) the transfer of collective forest land and stumpage will determine to what extent the aims of the current institutional reform will be achieved; 2) at present the transfer is highly affected by the transfer institution, while the requirement of *transaction in the market* is not suited to farmers; 3) farmers earn money from the transfer, while they do not benefit reasonably from the transfer; 4) farmers' economic activities are not completely rational, and their economic behaviors are affected by cognitive degree on the institution, non-agricultural production activities, investment in forestry, and family status; 5) there are large variations among those who take over different forest lands and stumpages, however they all try to maximize their owns profits; and 6) policy regulation plays negative influence on the development of transaction market.

Five concrete suggestions are put forward in the end. Firstly, marketing mechanism of transfer is to be perfected, and multiple transferring models are to be allowed. Secondly, administration of forest management, including the distribution of logging quotas, should be improved. Thirdly, forestry administration agencies should reduce their role as brokers and strengthen their administrative function. Fourthly, formulation of cooperation organization for farmer is to be promoted, which will do benefit to forest resource accumulation, and make farmers have more options. And finally, agency service organs should be developed, and relevant institution should be set up to insure service quality.

Xie Yi

March 20, 2009

目　录

第一章
绪　论

一、研究背景

我国是个农业大国，农业人口众多，农村经济在国民经济发展中占有重要地位。截至2005年底，农村人口数量为7.54亿人，占全国人口比重为57.01%；农林牧副业从业人员数量为2.99亿人，占全国从业人员比重为39.53%；农林牧副业总产值为3.95×10^4亿元，占国内生产总值比重为29.64%（国家统计局，2006）。我国也是一个多山的国家，山区面积占国土总面积的69%，山区人口占全国总人口的56%，许多省份山区面积甚至达到80%（中国集体林发展研究课题组、国家林业局经济发展研究中心，2004）。林业生产活动以森林资源经营为主要对象，提供木材、薪材、非木质林产品等物质产出，是山区经济发展的重要依托，也是农村人口获取能源、生产资料、生活用品、现金收入的重要途径。

集体林是我国森林资源的特殊产权形式，也是我国森林资源的重要组成部分。据第六次全国森林资源清查，全国林业用地面积为$2.83 \times 10^8 hm^2$，有林地面积为$1.69 \times 10^8 hm^2$，活立木蓄积量为$1.33 \times 10^{10} m^3$。其中，集体林业用地面积为$1.67 \times 10^8 hm^2$，占全国林业用地比重为60.07%；集体有林地面积为$9.89 \times 10^7 hm^2$，占全国有林地比重为58.19%；集体林活立木蓄积量为$4.35 \times 10^9 m^3$，占全国蓄积量比重为32.95%（国家林业局森林资源管理司，2005）。全国集体林分布呈现南方多、北方少，东部多、西部少的特点，其中80%分布在我国南方地区（中国集体林发展研究课题组、国家林业局经济发展研究中心，2004）。开发利用集体林资源不仅是我国山区经济发展、农村人口实现增收致富的有效途径，也是弥补国内木材及木制林产品供需缺口的有力保障，经营好集体林资源还有利于调节气候、保护生物多样性、涵养水源等生态建设目标的实现。

长期以来，我国集体林经营主体多，规模小；经营管理水平落后，收益低；集体林产权不清晰，主体收益缺乏保障（邱俊齐，2007）。集体林权制度也进行了多次改革，经历过“分山分林到户”、“山林入社”、“山林集体所有、统一经营”、“林业三定”等不同阶段（徐秀英、吴伟光，2004）。在“林业三定”时期，集体林被简单的划分为农户经营，缺乏相应的制度保障，农户对于林地使用权、林木所有权和收益权缺乏信心，因而无序采伐所获得的林木资源，最终导致此次改革以停止告终。中共中央、国务院于2003年颁布《关于加快林业发展的决定》后，我国于2004年在福建、江西、浙江、辽宁等省开始了新一轮集体林权制度改革。经过3年的试点，此次林权改革于2006年起在全国范围内逐步推开。集体林权制度改革成为深化农村改革的重要内容和重大举措，被认为与“家庭联产承包责任制”具有同等重要的意义；“稳步推进集体林权改革”被纳入了《国民经济和社会发展第十一个五年规划纲要》的深化农村改革部分（贾治邦，2007）。据江西省统计局调研表明，此次林权制度改革促使全省林农林业收益不断增长，2005年全省人均林业收入增幅为41.03%；并促进了农村劳动力向林业生产转移，2004~2006年间累计新增从事林农业人数达42.01%（江西省统计局，2006）。

新一轮集体林权制度改革的核心内容为“明晰产权，放活经营权，落实处置权，保障收益权”，其根本目的在于激发林业生产经营的积极性和提高林业生产力水平。江西省主要采取了“明晰产权，减轻税费，放活经营，规范流转”的具体做法，前三项做法致力于提高林业生产经营的积极性，而“规范流转”致力于保障农户在流转中的正当权益得以实现，避免不规范流转导致今后林权纠纷的产生以及森林资源遭到破坏。在此次林权制度改革中，随着农户在“三定”时期获得的集体林地使用权和林木所有权及伴生的处置权和转让权得以进一步明晰，林业生产单位迅速增多、生产单位规模急速下降。因此，林地林木流转还对促使林地林木等生产要素汇集，林业生产趋于集约化和规模化，林业生产力水平得以提高具有重要的现实意义。综上，在新一轮集体林权制度改革中，林地林木流转开展好坏直接关系到集体林权制度改革目标能否完好实现。

尽管林地属于农村土地范畴，近年来有关农地流转的研究众多，然而林地流转并没有纳入农地流转研究范畴。现有林地流转研究多运用规范研究方法，从流转形式、流转机制等角度出发，探析流转中存在的问题和政策对策。将集体林权林地林木流转置身于新的制度环境中，综合运用规范和实证研究方法，对流转现状和特点、影响因素、主体行为的系统研究较为欠缺。有鉴于此，本研究以南方集体林权制度改革试点省份——江西省为例，综合运用规范和实证研究方法，从本质上解释林地林木流转问题，为相关制度的完善提供科学依据。

二、研究目的和意义

本研究的主要目的如下：第一，通过探析江西省林地林木流转制度安排和流转现状，总结出集体林权制度改革中的林地林木流转特点；第二，通过分别比较农户转出林地林木所获取的流转收益与经营林地生产原木所获经营收益，探析农户在林地、活立木流转中的收益是否具有合理性；第三，以农户、营林公司、木材商人作为分析对象，探析流转主体和行为特征，以及流转行为受影响因素；第四，基于对流转制度安排、流转特点、农户流转收益、流转主体和行为特征的分析结论，探析流转中存在的政策规制。

集体林地林木是农户及其权利主体的资产性资源，也可用作生产要素，是社会经济发展的物质基础。林地林木流转关系到农户正当权益和集体林权制度改革目标的实现问题。本研究的意义体现在以下两个方面：首先，将从认识层面揭示集体林权制度改革中林地林木资源流转现状和特点，影响林地林木流转的在动因，为完善流转制度提供科学依据，因而具有一定的现实意义；其次，运用计量分析等实证研究方法，结合林业生产的特殊性，对林地林木流转的内在问题开展研究，将从方法层面，为集体林权制度改革研究，尤其林地林木流转研究，进行新研究工具的探索，对于今后相关研究具有一定的学术示范价值。

三、概念界定

对于任何一项科学研究而言，概念界定不可或缺。概念界定有助于对以往研究中尚未取得共识性的概念予以明确，从而为本研究的开展提供基础。基于研究需要，对以下概念予以界定。

（一）森林、林地和林木

1. 森　林

森林在《辞海》中的定义为“大片生长的树木”。《中华人民共和国森林法》（以下简称为《森林法》）第二十四条规定“森林覆盖率，是指以行政区域为单位森林面积与土地面积的百分比。森林面积，包括郁闭度 0.2 以上的乔木林地面积和竹林地面积、国家特别规定的灌木林地面积、农田林网以及村旁、路旁、水旁、宅旁林木的覆盖面积”。《森林法》第四条规定“森林按用途分为以下五类：防护林、用材林、经济林、薪炭林和特种用途林”。《中华人民共和国森林法实施条例》（以下简称为《实施条例》）第二条规定“森林，包括乔木林和竹木林”。因此，森林在狭义上可界定为“符合具体技术标准，具有特定用途的乔木林和竹木林”。此外，森林在《森林法》、《实施条例》中，更多是以“森林资源”组合形式出现，关注了森林对社会经济发展的作用。《实施条例》第二条规定，“森林资源，包括森林、林木、林地以及依托森林、林木、林地生存的野生动物、植物和微生物”。联合国于1992年召开了环境与发展大会，发布了《关于森林问题的原则声明》，其中指出“森林资源和森林土地应以可持续的方式管理，以满足这一代人和子孙后代在社会、经济、文化和精神方面的需要”。鉴此，森林在广义上可界定为“陆地上的树木和其他生物在一起，按照一定的方式和秩序，与周围的非生物环境有机地结合在一起，共同发生着多种功能的生态系统”。在本研究中，森林主要指以林地和林木为主的物质实体。

2. 林 地

林地在《辞海》中的意思是“木本植物覆盖的土地”。《实施条例》第二条中规定“林地包括郁闭度0.2以上的乔木林地以及驻林地、灌木林地、疏林地、采伐迹地、火烧迹地、未成林造林地、苗圃地和县级以上人民政府的宜林地”。《实施条例》第三条至第八条规定了林地登记发证制度、变更登记管理办法、权属管理档案制度等。在现有林业统计年鉴中，林地也被称为林业用地，具体包括有林地、疏林地、灌木林地、未成林造林地、面圃地、无林地等。按统计年鉴对林地面积的计量，其分类系统见表1-1。

表1-1 林地分类系统

总类	分类一	分类二
林业用地（林地）	有林地	乔木
		经济林
		竹林
	疏林地	
	灌木林地	国家特别规定灌木林
		其他灌木林
	未成林造林地	人工造林未成林
		封育未成林
	苗圃地	
	无林地	宜林荒山荒地
		采伐迹地
		火烧迹地
		宜林沙荒地

其中，有林地是指生长着各种不同性质的森林（天然林或人工林）、竹

林及经济林（乔木或灌木）的土地，是森林资源面积中的主要组成部分；无林地是宜林地中的一个类别，即由于采伐或其他原因所造成的空旷而暂时又没有生长出树林的土地。在本研究中，林地被界定为“用于经营林业的土地，林木存续的物质基础和载体，其既是森林资源的重要组成部分，又是森林资源经济活动得以进行的基本条件，是不可缺少和不能再生的生产要素和经济资源”。作为经济资源，林地不仅可作生产要素参与林业生产活动，也可作为商品进行流通。对于林地选择的不同处置方式将导致其权利主体拥有不同的收益实现方式，所实现的收益也会因此呈现差异。

3. 林 木

林木在《辞海》中的意思是“生长在树林中的树”。《实施条例》第二条规定“林木，包括树木和竹木”。从自然生长过程而言，林木系附着于林地，林木质量取决于所存系林地的地力等条件。与林木相关的概念包括林种、树种、林龄。以林种而言，可分为商品林和公益林，前者包括用材林、经济林等。以树种而言，可将林木分为乔木、灌木、竹林等。在我国南方集体林区，根据存在形式的不同，林木可分为活立木（或称为立木）、活立竹、原木和原竹。活立木与原木的差别在于：原木系在活立木基础上，通过采伐和运输两个生产环节后获得的林木。因此，活立木流转价格通常要低于原木价格。

（二）产权、林地产权和林木产权

1. 产 权

产权，也称财产权（property right），是对财产的各种权利的总称。产权的直接形式是人对物的关系，其实质上是产权主体之间的关系。当人们在财产的处置上发生了关系，如排斥他人侵犯已为某些人占有的财产，或在财产的支配、使用上进行联系，人对物的关系才成为权利关系。产权是一个复杂的体系，有时它指完整的产权体系，有时指一组或一束产权，有时甚至是由某个产权派生或衍生出来的细小的产权。任何一项产权都包括了主体的权能和利益两部分内容，前者指产权主体对财产的权利职能或作用，后者指产权给其主体带来的效用或好处。权能与利益两者相互依存，密不可分。通常，产权被界定为所有权、占有权、支配权和使用权，即“四权”，指产权主体对客体拥有的不同权能和责任，以及由它们形成的主体利益关系。此类利益关系表现了主体经济活动中的相互作用，同时得到社会或法律的承认和保护，即被赋予法权。总之，产权包括了主体的责任、权利和利益，是围绕一定财产发生和形成的权、责、利关系（吴宣恭等，2000）。明确产权，不仅要明确产权主体对财产可做行为，还应包括其不可做行为，以及行为过程中的义务和责任。

2. 林地产权

林地产权是以林地为客体，以国家、集体、自然人、法人等为主体的一种产权形式。由于土地制度和林业生产制度的约束，林地产权与通常所说的“四权”略有差异，被细分为林地所有权、使用权、收益权、经营权、处置权和转让权。《实施条例》第十五条规定“国家依法保护森林、林木和林地经营者的合法权益。任何单位和个人不得侵占经营者依法所有的林木和使用的林地”。作为土地产权的特定形式，林地产权具有土地财产权的一般属性，即具有稀缺性、重复使用性、永久收益性和不动产的性质。根据权利与义务对等的原则，林地产权明确了权利主体对林地所有、使用、收益、处置等方面的权、责、利关系。以国家、集体为主体的林地所有权制度，是我国土地公有制这一特殊制度安排在林业中的延伸，与耕地产权制度具有相似性。但林地的使用权利主体不再局限于国家和集体，拓展到以农户为代表的自然人、乡村联营林场、营林企业等主体，即除国家和集体之外的单位或个人也可获得林地使用权、收益权、经营权、处置权等权利。按森林分类经营思想，我国林地可大致分为公益林和商品林。商品林的使用权、收益权、经营权、处置权通常得到更好保障。以农户林地经营权而言，农户可以依法自主决定经营方向和经营模式，对生产的木材实行自主销售。

3. 林木产权

林木产权是特定林地上的林木资源的所有权、使用权、经营权、收益权和处置权。林木产权指向特定林地上的林木资源。通常，林木产权中的所有权、使用权较为明确，权利主体的相关权益能得到保障实现。但林木的收益权不甚明确，权利主体的相关权益难以得到完好实现。究其原因，在于我国现行法律法规对森林、林木经营的规制。《森林法》第八条规定“我国对森林资源实行以下保护性措施：（一）对森林实行限额采伐，鼓励植树造林、封山育林，扩大森林覆盖面积……”。《实施条例》第二十九条规定“采伐森林、林木作为商品销售的，必须纳入国家年度木材生产计划；但是，农村居民采伐自留山上个人所有的薪炭林和自留地、房前屋后个人所有的零星林木除外”。在现行的限额采伐制度下，林木所有者处置林木资源需申请采伐指标。对于农户等小规模林木经营主体而言，信息不对称等原因使得获得采伐指标数量较少，收益权和处置权难以完好实现。

（三）流转、林地流转和林木流转

1. 流　转

流转的直接解释是“转移流动，不固定在一个地方”。拓展到经济活动中来，其含义为“商品或资金在流通中的周转”。商品流转是通过买卖行为，实现产品向商品之间的转变，也是产品从生产领域向消费领域的转移过程。在当前的社会经济活动中，流转不仅包括生活资源的分配，也包括生产资料的配置和再配置。流转的目的在于使得经济资源得以更好配置，转出方和受让方因此能获取相应的经济收益。土地流转在土地私有制及市场经济体制较为发达的国家等同于土地买卖，即土地可被视作一般商品参与市场交易，土地产权较为完整的由一方转移到另一方。然而，在土地国有或公有制国家，土地流转仅为部分产权的转移。诸如，我国土地流转发生的产权变更中并不包含土地所有权的转移。

2. 林地流转

林地流转，包括广义、狭义两种流转。广义的林地流转既包括林地权利的流转，又包括林地功能的流转（指林地用途的转变，通常为有林地转变为无林地）。狭义的林地流转是林地在不同主体间的流转，指林地产权的变更，尤其是林地所有权、使用权从原有权利主体变更到现有权利主体，以及与之伴生的收益权、经营权和处置权转移的商业活动。《森林法》第十五条规定了林地流转的有关内容，可总结为：用材林、经济林、薪炭林的林地使用权，以及用材林、经济林、薪炭林的采伐迹地、火烧迹地的林地使用权可以依法转让，也可以依法作价入股或者作为合资、合作造林、经营林木的出资、合作条件，但不得将林地改为非林地。由此，在我国林业实践中，林地流转只是林地使用权、收益权、经营权的完全转移，处置权的部分转移，以及所有权的不变更。林地使用权的流转主要有两种形式：第一，林地所有者将林地使用权转移给农户、法人单位，并收取一定的林地使用费，即林地地租；第二，林地使用权获得者将林地收益权、经营权转移给其他主体，根据林地上的林木价值，收取费用（包括地租）。本研究主要关注林了林地使用权的流转。林地流转通常需办理林权证变更，重新明确林地使用权利主体。

3. 林木流转

林木流转主要是指林木产权主体将林木所有权、使用权、收益权、处置权转移给其他自然人或法人单位，并获取相应收益。《森林法》第十五条规定“用材林、经济林、薪炭林可以依法转让，也可以依法作价入股或者作为合资、合作造林、经营林木的出资、合作条件”。林木流转既包括活立木流转，也包括原木流转。活立木流转，指向处于成熟林或过熟林龄阶段立木所有权的转让，其实质为出售立木处置权和收益权。活立木流转时间较短，通常在为 1 年，即受让方所获得的林木收益权仅限于 1 年，若流转的活立木没有采伐完毕，那么受让方被视为自动放弃林木收益权，林木所有权也同时返还转出方。鉴于活立木流转时间较短，通常不办理林地产权证变更。活立木流转为本研究关注的重点内容之一。

4. 私下流转与场内流转

在林地林木流转中，有两个概念需要予以特别界定：其一，私下流转，即转出方与受让方通过协议，达成文本或口头协议，完成林地林木产权变更，但未到林业主管部门进行产权变更登记的流转行为。私下流转通常被认为是导致林权争议产生的原因之一，使得转出方，尤其是作为转出方的农户，正当权益难以保障。其二，场内流转，即转出方通过协议、拍卖等方式将林地林木转让给受让方，双方在林业主管部门监督下签署转让协议，并办理产权变更登记的流转行为。场内交易为当前林业主管部门倡导的交易模式。

四、研究方法与技术路线

（一）研究方法

1. 文献法

随着新一轮集体林权制度改革的全面开展，在国内掀起了一场集体林权制度改革实践探索和理论研究的热潮。就国内外研究现状的分析，本研究不仅关注了集体林权制度改革和林地林木流转相关研究，而且关注了农地流转相关研究，以寻求建立新的研究视角和实现研究方法创新。基于对国内外最新研究成果的广泛查阅，本研究跟踪了解了与林地林木流转相关研究领域的最新理论前沿知识，尤其是流转收益、影响流转的因素、政策规制的研究。在研究前期，共查阅逾600篇（本）中、外文文献。中文文献由三类组成：其一为专著，获得方法包括购买和借阅。查阅的专著主要集中在农地流转、集体林权制度改革领域，共有45本，被本研究引用的有14余本。其二为学术论文，获得途径为通过访问“中文学术期刊全文数据库（CNKI）”、“维普中文科技期刊全文数据库（VIP）”等电子资源，收集并阅读《林业经济》、《农业经济》等学术期刊上刊登的相关研究成果，共计477篇，被本研究引用的有180篇。其中，以农地制度为主题的论文93篇，以农地流转为主题的论文69篇，以集体林权制度改革为主题的论文147篇，以林地流转为主题的论文94篇，以土地价格理论为主题的论文44篇。其三为学位论文，获得途径为访问“万方中国学位论文全文数据库”，查询与农地、林地流转相关的学位论文63篇，被本研究引用的有8篇。本研究外文文献以学术论文为主，主要来自两个途径：其一为本校外文图书阅览室，查阅了近三年《Forest Economics and Policy》期刊刊登的学术论文 120 篇，与本研究相关的论文不足五篇；其二为通过网络资源，以“Forest Transfer”、“Forest Land Transfer”、“Collective Forest Property Right Reform in China”和“Land Tenure Transfer”为关键词，访问“scholar. google. com”等网络资源，获得的相关研究为 20 余项。

2. 数据收集方法

数据收集方法包括实地调查和二手资料收集：①通过实地调查，获取一手数据。针对农户、村集体、省及地方林业管理部门工作人员、林权交易市场等不同调研对象，分别设计了调查表，并开展了调查、访谈和记录等工作。农户调查表详见附件一，村调查表详见附件二，林业管理部门工作人员调查表详见附件三，受让方调查表详见附件四，林权交易市场及场内交易调查表详见附件五。②二手资料收集。通过购买、复印、拷贝，收集集体林权制度改革相关研究报告、统计年鉴、统计数据。

数据主要来源于四个阶段：①初始调查阶段，为 2006 年 6～7 月。此阶段主要调查目的为了解集体林权制度改革的动力机制和约束条件，但在调查过程中发现农户林地林木流转为衡量其所赋林地林木处置权的一个重要指标，因而对流转进行了特别关注。针对农户林地林木流转行为设计了调查大纲，所收集数据有助于确定其流转行为影响因素。②预调查阶段，为 2007 年 6 月。此次调查目的为验证调查表的适用性，确定样本村和正式调查时间，收集流转制度等相关二手资料。在此阶段发现，由于较多农户外出务工，较为合适的调查时间应为元旦前后时期。此外，年度流转多在 12 月份之前完成，元旦前后开展正式调查有利于获得完整的统计数据。③正式调查阶段，为 2007 年 12 月至 2008 年 2 月。完成农户样本 200 个，其中有效样本为 189 个。④补充调研阶段，为 2008 年 3 月，以受让方调查为主。

3. 量化分析方法

近 20 年，我国的社会学者使用现代社会研究方法的文献不断增加，出现了显著的数量化趋势，成为我国社会研究方法科学性增强、研究成果质量提高的重要动力与途径。本研究运用了描述统计方法、二分类 Logistic 回归模型、多元线性回归分析模型、福斯特曼（Faustmann）林价公式、林木销售价法等方法和模型开展量化分析。本研究所运用的软件包括 SPSS11. 5 和 Excel 2003，前者用于统计和回归分析，后者用于林地林木价格计算。

4. 定性研究

由于集体林权制度改革中的林地林木流转问题的系统研究较为缺乏，存在诸多有待验证的研究命题和丰富的研究内容，因此定性研究必不可少。就林地林木流转现状及特点而言，现有相关研究存在明显缺陷，研究成果滞后于林权制度改革进程，部分研究将流转类型、形式、方式三个区别性概念混为一体，难以客观反映林地林木流转现状，且林地林木流转特点研究较为缺乏，难以为对现行制度安排的评价提供基础。不仅如此，林地林木流转主体和行为特征的研究较为缺乏，其研究方法以描述性研究居多。由于缺乏对流转主体的定性分析，流转市场运行情况难以得到全面和客观的认识。对于流转行为影响因素的定性研究，可借鉴影响农地流转的相关因素，但需与林业生产经营活动的特殊性予以关联。针对流转相关制度安排的定性研究较为缺乏，本研究对于现行制度安排进行了评价。

（二）研究技术路线

本研究基于相关经济学理论，结合规范分析和实证分析方法，关注新一轮集体林权制度改革中的热点问题，总体上遵循如图 1-1 所示技术路线。

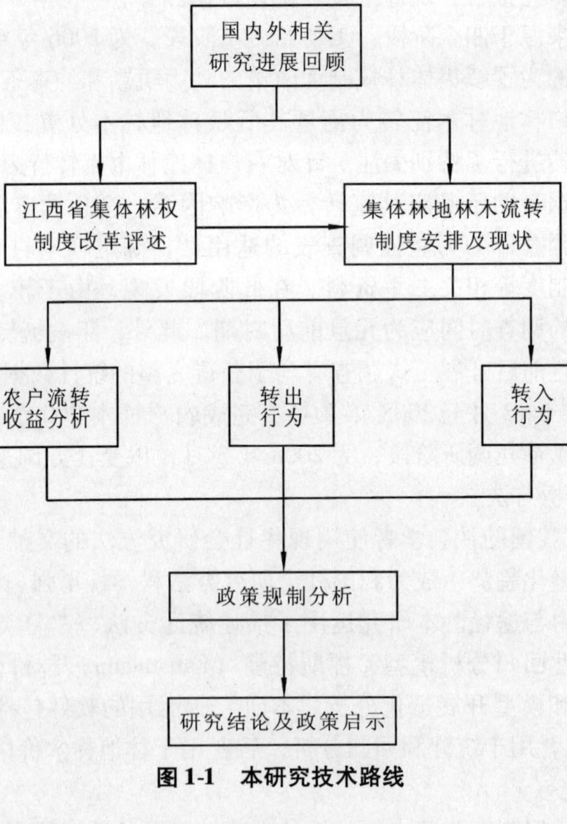

图 1-1 本研究技术路线

五、研究思路与内容安排

基于上文所述研究目的和技术路线，“应该是和实际是什么——为什么是这样——怎么能达到‘应该是’”的研究思路贯穿全文，所围绕的核心是“集体林地林木流转对实现林权制度改革目标应该有什么作用——实际上具有什么作用—为什么会这样—为实现应有的作用，应该怎么做”。

全书由三大部分九章内容组成：第一部分为研究准备，包括第一章和第二章；第二部分为主体研究，包括第三章至第八章；第三部分为研究结论，为第九章。具体内容安排如下：

第一章为绪言。包括研究背景、目的和意义、概念界定、研究方法和技术路线、研究思路和内容安排等内容。

第二章为国内外相关研究进展。为全面了解有关集体林木及林地流转相关研究现状，总结和分析了农地流转、集体林权制度改革、集体林地及林木流转三个相关领域中的最新研究进展，并基于此提出了本研究所选择的视角。

第三章为江西省集体林权制度改革评述。本章以产权理论和制度变迁理论作为分析理论基础；从森林资源状况、林业产业发展情况、历次林权制度变革形成的历史背景等三方面，探析了江西省开展集体林权制度改革的迫切性；通过分析新一轮集体林权制度改革的主要内容、制度变革模式、阶段性成效、面临的问题，探析了制度改革与林地林木流转的内在逻辑关系。

第四章为集体林地林木流转制度安排及流转现状分析。本章首先分析了在新一轮集体林权制度改革中的林地林木流转制度措施，包括对《江西省森林资源转让条例》、管理办法、信息交易平台、流转程序的分析；其次，从流转市场模式和抵押市场两方面，分析了流转市场现状；再次，从流转面积、宗数及金额、流转类型和主体、流转方式和形式、流转价格等方面，分析了林地林木流转现状；第四，总结了流转发生率较低、流转区域不均衡、单宗流转涉及的转出方较多、流转价格攀升等特点；最后，对本章内容进行了总结，并提出了需进一步研究的内容。

第五章为农户林地林木流转收益分析。本章首先分析了林地林木价格理论，提出将林地林木流转价格作为度量流转收益的基础；其次，归纳了当前的林地林木流转价格体系，包括流转价格的分类和不同类林地林木的现行流转价格；再次，基于 Faustmann 无林地价格公式，推导了轮伐期为 25 年、合同期为 30 年的林地价格公式，并构建了林地流转收益分析模型，针对不同采伐指标获得率，分析了农户转出林地所获流转收益的合理性；第四，基于林木销售价法，构建了活立木流转收益分析模型，针对不同采伐指标获得率，分析了农户转出活立木所获流转收益的合理性；最后，对本章内容进行了总结，并提出了需进一步研究的内容。

第六章为农户林地林木转出行为分析。本章首先基于农户行为理论，界定了农户转出行为为部分理性；其次，通过对农户转出行为的定性描述，界定了影响农户转出林地林木的相关因素，确定了研究假设；第三，基于研究假说，结合专家赋值法，确定了 4 类 10 个变量，对相关变量进行了赋值说明。选择的分析模型为二元 Logistic 回归分析模型和多元回归分析模型；第四，将数据代入模型进行计算，得出了不同因素对是否转出和转出数量影响程度的计量分析结果，并对结果进行了解释；最后，总结了本章研究结论及其政策含义，以及需进一步研究的内容。

第七章为林地林木受让方主体及行为分析。本章首先分析了受让方主体特征，即主要受让方由谁组成，以及不同受让方的转入行为；其次，基于对管护费的分析，探析了林地转入行为，包括受让方面临限额采伐制度约束时的行为特征和主体特性；之后，基于转入活立木和直接购买原木的差异性成本分析，探析了受让方面临限额采伐制度约束时的行为特征；最后，总结了本章研究结论及其政策含义，以及需进一步研究的内容。

第八章为林地林木流转中的政策规制分析。首先，本章基于对前四章的简单回顾，提出了林地林木流转中存在政策规制。其次，基于管理部门与市场主体存在的差异性利益目标分析，探析了政策规制的形成于差异性利益目标的冲突和博弈中。第三，分析了政策规制在流转市场中的四个具体体现。最后，结合实际情况，分析了政策规制和林地林木流转的发展趋势。

第九章为研究结论和展望。主要包括三部分内容：第一，通过本研究，得出的六个结论；第二，基于研究结论，提出了四层面五点具体政策建议；第三，本研究的创新之处、研究不足和今后需进一步研究的内容。

第二章
国内外相关研究文献综述

一、引　言

对于国内外相关研究文献的查阅和学习，从中总结本研究领域的研究成果，有助于明确本研究命题的意义，创新性地选择研究视角和借鉴研究方法，避免进行重复研究。

林业属于大农业范畴，林地则属于农业用地的组成部分。就我国现行的土地制度安排而言，农地与林地在权利主体、经济属性方面具有较强的相似性。集体林地及其林木权利主体为集体、农户等，等同于“家庭联产承包责任制”下的农地权利主体。农地与林地是两种不同的土地组成形式，具有土地资源的共同属性。具体表现为：第一，两者都是生产要素，为农户开展种植活动的物质基础，具有维持农户生计、保障农户获取现金收入的作用；其二，两者都是经济资源，农户可将农地、林地用于流转，从中获取现金收入。林木为基于林地开展生产活动的成果体现。然而林业生产具有特殊性，主要体现在林木轮伐期长达数十年，林业生产活动与农业生产活动具有一定的差异。

鉴于此，为全面了解有关集体林木及林地流转相关研究现状，本章主要阐述和分析了以下四部分内容：首先，综述农地制度及农地流转的相关研究成果，为本研究提供借鉴；其次，总结有关集体林权制度改革的研究成果；再次，分析了集体林地及林木流转的相关研究；最后，针对现有研究进行了评述。其中，国外相关研究主要包括两类：其一，国外学者对我国集体林权制度改革及相关问题的研究；其二，国外学术界对林地林木流转的研究。

二、农地流转相关研究

（一）农地流转权利

从产权理论视角，国内农地流转权利有三种不同理解。第一种观点认为，农地流转是指农地所有权和使用权在不同经济实体之间的流动和转让（杨学成、曾启，1994）。第二种观点认为，农地流转主要是农地使用权的转让和流通，即“在家庭承包制的制度框架下，面对不同的利益主体，国家、农民、土地转包方”，将农地产权结构分解为所有权、承包权、经营权，拥有土地承包经营权的农户将土地经营权（使用权）转让给其他农户或经济组织，也即保持承包权转让使用权（张红宇，2005；王文峰，2005）。农地流转被认为是农村经济发展和家庭土地承包责任制进一步完善的客观要求（刘甲朋、崔嵬，2003）。这是目前理论界普遍的认识，即保持农地使用权的公有制度，在家庭联产承包责任制下的农地流转。第三种观点认为农地流转既包括农地所有权和使用权的流转，又包括农地用途之间的流动，即农地流转包括农地向非农地流转，以及包括农地内部流转和非农地内部流转（吴晗，1996）。基于第二种观点，农地使用权流转形式多样，将流转界定为发生于农户与农户之间、或农户与企业、社区等经济组织之间，基于市场交换原则，通过土地使用权流转价格反映的特定经济行为，其主要有转让、转包、入股、互换等（张红宇，2005）。总的来说，农地流转权利确定是农地流转制度安排中的基本问题，即农地集体所有制度安排下的土地承包经营权是否具有独立财产权利意义（车裕斌，2004）。

进一步而言，农地流转权利在实际操作中存在诸多问题。王景新（2001）提出“排除乡（镇）作为农村集体土地的产权主体不仅仅是立法问题，在政策及其措施层面应有十分具体的操作性的规定”，即乡（镇）能否作为集体土地的所有权人值得商榷。对于乡（镇）之外的其他所有权主体的确认，绝大多数观点认为村和村内集体经济组织均可作为集体土地的所有权人的含混界定容易人为地导致农村土地的矛盾（车裕斌，2004）。针对目前我国集体经济组织并不完善的问题，艾建国（2000）建议在我国“成立由土地所有者代表组成的业主委员会，由业主委员会对土地承包、农民负担以及农村集体财务和资产管理进行民主监督，同时参与集体提留资金使用的重大决策”。此外，有学者认为应建立村、组两级分享的产权主体，将耕地界定为村民小组所有，而非耕地中的“原来已分配给农民的林地、草地、荒山，人民公社时期已固定给集体利用的滩涂、水域”界定为村民委员会所有（林玉妹，2001）。但另一种观点则认为应以村民委员会作为集体土地所有权主体代表（黎元生，1999）。还有学者认为作为承包经营权的农户应享有的权利包括：占有权、使用权、收益权、出租权、设定抵押权、转让权、退包权、入股权、续期权、邻地利用权、物上请求权、取回权和补偿权；而其义务应包括：支付承包金、按规定方法和用途使用农用土地、保护土地和维持地力、承担有关税费、其他法定义务（丁关良，2001；施晓琳，2001）。

（二）农地流转现状

张红宇（2005）指出：直到20世纪90年代的中期以前，农地流转的发生率一直较低。农业部农研中心于1993年进行的调研表明，只有4.09%的农户将自己承包的一部分土地转包给他人经营，其中1.99%的农户转出了全部承包地，只有10.68%的农户转包他人耕地（中华人民共和国农业部，1996）。另据1998年对浙江等8省所作的调查表示，参与流转的农地只占全部农地的3%~4%，流转率最高的浙江省也仅有7%~8%，市场流转发生率偏低（姚洋，1999）。进入20世纪以来，农地流转活跃，流转规模扩大，速度加快，流转区域不断扩张，流转形式呈现多样化（张红宇，2005）。据对我国台湾省的研究表明，自台湾省实行土地改革以来，从1960~1987年的27年间，农户户均规模由0.88hm^{2}增加到1.09hm^2，增加了加20%（杨德才，2002）。张业相等（2002）认为我国农用地流转存在五种基本形式和四种运行模式，表现出“操作管理极不规范，思想认识很不适应，制度建设严重滞后，经济环境不够协调”等问题。楼惠新、张建新（2002）认为发达地区农地流转有四种基本类型，农村土地产权主体不清、农村土地制度绩效不明显、农村土地产权市场不完善和不相适应的农村户籍制度等构成了当前发达地区农地流转的四大问题。此外，相关学者（刘红梅、王克强，2001；李燕琼、范高林，2002；刘友凡，2001；浙江大学农业现代化与农村发展研究中心、浙江省农业厅联合调查组，2001）还对上海、四川、湖北、浙江等省（直辖市）的农用土地流转现状、特点及问题开展了实证研究。具体到浙江省绍兴市而言，至2000年底，该市耕地流转率达到41.4%，居全省各县（市）前列。2004以后，随着实行农业税减免和“三项补贴”政策后，已流转土地又呈现大量回流、提高价格、缩短期限等新的变化（张立平，2007）。

（三）农地价值与流转价格

1. 农地价值

黄贤金（1995）在《农地价格论》一书中对该领域的早期研究成果进行了较为全面的研究总结，对近年来国内外农地价格与价值研究的一些新成果进行了简要的回顾与总结（车裕斌，2004）。俞奉庆、蔡运龙（2003）以耕地为例构建了农用土地资源的价值体系。刘金平等（1995）指出，土地的自然价值包括三个方面：一是级差地租，二是绝对地租，三是土地生态环境的价值。邓大才（2002）认为农地的社会价值由两个部分构成：农民生存保障的社会价值和社会稳定功能的社会价值。霍雅勤、蔡运龙（2003）指出，土地价值的构成包括实际使用价值、选择价值和存在价值，并提出以边际机会成本来量化土地价值的方法论框架。潘家华（1993）指出土地价格扭曲是由于“土地的商品属性在一个不完善的市场中，难以由市场价格准确体现出来；而其作为资源一面的社会属性，由于没有包涵在土地供需双方的使用价值中，即使在较为发达的市场体系里，通常是被忽略的”。宋志斌（2003）认为我国农村的土地价值实现具有双重性，即土地所有权价值实现和土地使用权价值实现。蔡运龙（2001）提出“将耕地的生态效益和社会效益市场化，使其生态服务功能和社会保障功能的价值得以实现”的思路。显然，对于农地价值的研究主要关注了耕地价值，没有全面涵盖农村土地的所有类型。

2. 农地流转价格

农地价格的形成理论可分为农地价格的市场形成论、农地价格的成本效益论、农地价格的价值决定论等三大流派。王克强（1997）探讨了农地价格运动的成因及特征，认为农地的价格运动是由于受到地租量、贴现率、通货膨胀率、供求关系和社会分配政策的影响而产生的，农地价格的运动表现出周期扰动性、价格坚挺性和波动变化率的空间分布不均衡性。有关农地价格的内涵，可归总为三种观点：第一，农地价格是一种二元价格，如王万茂、黄贤金（1997）认为，“农地价格具有一般地价特征，是一种二元价格，即农地价格体系由农地物质价格和农地资本价格构成”。第二，农地价格是农地使用权价格，如石爱虎（1993）认为，“农村土地的真正所有者是国家而不是集体。因此，农地价格形式只是农地使用权价格，其中包括农地使用权的买卖、租赁、抵押等具体的价格形式”。第三，农地价格是生态经济价格，如黄贤金（1999）认为，“农地效用性、稀缺性、有效需求性形成离不开农地的自然生态环境，农地价格是生态经济价格”。

农地价值和价格评估决定了农地资源配置效率，相关研究可分为两类：其一，我国农地估价方法体系构建研究。孔祥斌等（2002）研究了农用地的土地质量价值、社会保障价值、社会稳定价值、环境价值等不同的价值内涵下的估价方法体系及其选择。其二，对某一种具体估价方法的研究和介绍。农地估价具体方法的操作和应用研究具体涉及到收益还原法、成本逼近法、市场比较法、假设市场评价法（CVM）、模型评价法、模糊综合评判法等（杨庆媛、印文，1999；朱仁友、崔太平，2001；单胜道，2002；单胜道、尤建新，2002；王万茂、黄贤金，2003）。

（四）农地流转影响因素

影响农地流转的因素众多，国内外学者有关研究将其归结为制度安排、制度环境、农户主体差异等方面。

1. 农地制度安排对农地流转的影响

农地制度安排被认为是影响农地流转的首要因素。有学者指出：有关中国农村双层土地经营制度阻碍了土地流转，主要在于该制度安排使得私人土地买卖市场不存在，土地使用权流转是唯一的土地市场机制。同时，该制度也限制了土地要素在社区间流动（Dong Xiao - Yuan，1996）。有学者认为我国农地产权制度残缺，制约了农地流转（张红宇，2005）。农地制度导致的土地使用权的不稳定，诸如土地调整频繁，阻碍了农地市场的发育，被认为是农地难以流转、农地市场难以发育的原由所在（钱忠好，2002；邓大才，1997）。也有学者认为我国目前的双层土地所有制并没有妨碍土地租赁市场（姚洋，2000）。部分学者将农地制度安排与交易费用进行关联研究，得出交易费用对农地流转的影响。对中欧地区国家农地交易的研究表明，这些国家的制度因素增加了农地交易费用，阻碍了农地交易（Bogaerts *et al*，2002）。就交易费用对我国农地流转的影响研究表明，农户为了租入更多更大规模的农地需要进行多次交易，从而产生较高的交易成本，抑制了农户流转农地的需求（浙江大学农业现代化与农村发展研究中心、浙江省农业厅联合调查组，2001；陈曜、罗进华，2004）。

2. 制度环境对农地流转的影响

对于农地流转构成影响的制度环境主要包括与农地流转制度相关的法律法规、财政、税费、农村保障等制度安排。对中东欧国家农地交易的比较研究指出，有效的土地市场不但要求有清晰的产权界定，还需要具备有效的资本和借贷市场等制度环境（Joshua M. Duke *et al*，2004）。Douglas C. Macmillan（2000）从经济学的角度分析土地市场，认为土地可以在公开市场进行自由交易，但是在交易过程中会发生市场失效，造成土地利用的动荡，政府应适度干预市场以弥补市场缺陷。也有学者认为政府可通过规范土地登记、提供评估和金融服务，以确保市场的有效性（Joshua M. Duke *et al*，2004）。John L. Pender & John M. Kerr（1999）根据印度两个村庄的调查，分析了土地投资、耕种抉择及农业贷款等因素对耕地流转的影响。Matthew Gorton（2001）通过对 Moldova 地区现有小规模土地经营现状的分析，认为鼓励农业生产的联合经营会减少土地交易的障碍，但如果没有界定清楚的土地所有关系和正式授权的土地证书，土地市场的功能微弱。

美国经济学家普鲁斯特曼曾将中国农地流转存在的问题归结为政策上允

许土地使用权转让，但是由于土地使用权缺乏法律保障，实际转让却很少，土地价值难以实现（刘克春，2006）。钱文荣（2003）认为农民希望政府在农地流转中发挥出应有的作用，切实解决农民的困难，目前主要可在宣传发动、建立农地流转信息网络、农地分等定级和价格评估、土地整理、对外招商等方面发挥重要作用。谢正磊等（2005）认为在长三角地带，农村社会保障体系、户籍制度、农村金融制度等相关机制仍是目前农地流转制度改革中急需健全和完善的方面。此外，农地流转过程中孕育的中介组织对促进农地流转起着十分积极的作用（钟涨宝、狄金华，2005）。

完善制度环境是推动农地流转的保障。陈锡文、韩俊（2002）的政策主张是：保障农民的土地权益；明确提出“承包期再延长30年不变，30年之后更没有必要变”；明确界定农民土地承包权的内容和性质；建立真正的“自愿、依法、有偿”的土地流转机制；保障农户的土地使用权，公司、企业不得长期租赁其承包地；农村土地使用权的流转和集中是一个长期过程。也有学者提出“从推动农地承包经营权的物权化改造；努力探索农地流转新形式；增强‘三个意识’（效益意识、服务意识、政策意识）；理顺农地流转秩序；培养农业企业家；积极转移农村剩余劳动力”来推进农地流转（徐辉、李薇，2002）。

3. 农户主体特征对农地流转的影响

具体到农户土地使用权流转而言，农户主体特征影响着流转行为，具体包括农户经济状况、经济收入结构、家庭劳动力状况、社会地位等。钟涨宝（2004）提出农地资源的配置有别于其它生产要素的配置，不仅受价值规律的影响，还受心理的、文化的、制度的等多种因素的制约。农户是农地流转的主体，农户的农地流转行为不仅是一种经济行为，更是一种社会行为，应该运用社会学知识从农户行为出发来研究农地制度。农户农地流转行为的普及程度，以及行为过程中的理性化、契约化、组织化程度，都随着区域第二、第三产业的发展和农村商品经济的发展而提高，农村土地流转过程中存在着人情与利益规则的博弈，两者之间此消彼长（钟涨宝、汪萍，2003；钟涨宝等，2007；张翠娥、万江红，2005）。对埃塞俄比亚农地市场的实证研究结论显示，农户扩大农地经营规模与家庭可利用的劳动力和拥有牲畜的数量密切相关，家庭非农工作成员越多，租出农地的可能性越大；农户租入农地与可利用的牲畜役力和家庭持有的财富成正相关，与从农民协会分配到的土地、土地质量和户主为女性成负相关（Tesfaye T. & Audnga L.，2004）。正如对中欧国家农户农地流转研究后指出的那样，经济环境影响土地交易，土地所有者决定买卖土地是基于理性的考虑。土地的买卖不是基于单一的经济收入，而是基于许多因素的考虑，诸如农户谋取土地价值，作为增加家庭财产的一个手段，以实现个人价值（Terry van Dijk，2003）。张仁寿（2001）认为，“农民进城动力来自农民对进城收益与成本的比较”，目前我国存在着农民进城动力弱化的问题，不仅表现为城市化“推力”的不足，还表现为“拉力”的弱化。应风其、张忠根（2002）认为，农民进城的内部推力包括：农业生产的低效益、农村劳动力的大量剩余和农户过重的负担；外部拉力包括：城市文明的吸引、城市众多的就业机会、城市相对较高的经济收入。林善浪（2005）分析了农户耕地经营规模的结构、规模经营的意愿和行为特征，认为部分农村已经具有发展耕地规模经营的趋势，而耕地规模经营要以耕地市场流转为基础，以提高农业比较利益为前提，正确处理政府或集体组织与市场机制的关系是完善耕地流转机制的关键。

（五）农地流转的市场机制

目前国内的农地流转市场机制研究主要集中在两个方面：农地流转市场机制缺陷和建设中国农地流转市场的建议。邓大才（2000）将农地流转内生机制的缺陷概括为三个方面：一是土地本身表现出土地流动的财产制度不完善，财产主体缺位；二是土地使用权发展过程表现出土地承包权的价值性、商品性不明确，土地产权价格无衡量标准，价格体系无法建立；三是土地承担的社会职能表现出土地仍未完全成为市场微观主体的生产要素，还是政府控制农村、农业，乡村社区控制农民的主要手段。此外，蔡宜增（2000）总结了制约农地使用权市场化流转的八大因素；蒋兴国、王智（1998）认为制约耕地使用权在农业内部流转的有四大因素；钱忠好（2003）则对乡村干部行为在农地市场化流转的障碍性作用进行了详细的分析。

如何建立我国的农地流转市场，黎元生（1998）认为应该明晰三个基本思路：一是积极培育农地所有权主体，强化农地所有权的职能；二要合理界定农地使用权主体及其权利范围；三要规范农地流转行为。于代松、朱穆超（2002）认为，建立我国的农地流转市场机制应重点做好三个方面的工作：物化农民的土地使用权、构建土地流动的市场服务体系、提高农民土地市场化流动意识和参与能力。张笑寒（2001）认为，在流转前应明确产权设置并加强思想引导，在流转过程中应注意建立规范程序和加强流转管理，在流转之后应加强监督管理和配套措施的建立。

（六）农地流转管理措施

为加强我国农地流转管理，张业相等（2002）指出，应健全法规制度体系、建立信息服务网络、创建组织运作系统、实施宏观调节措施。广东省惠州市农业局（2003）提出“加强领导，加大宣传力度；做好延长土地承包期工作，稳定农村土地承包关系；正确引导，积极稳妥地做好土地承包经营权流转工作；加强管理，健全各项土地承包管理制度；正确处理土地家庭承包经营与推进农业产业化、现代化发展的关系”等具体建议。也有学者认为村集体土地问题既是经济问题，也是极为重要的政治问题、社会问题，始终是社会各界关注的热点和敏感问题，必须采取行政的、法律的、经济的、技术的手段加强管理（尤文碧，2001；杨福盛，1998）。

就农地流转管理的经验与建议，相关研究涉及四荒地流转管理、集体非农建设用地流转管理、耕地使用权流转管理、承包经营权流转管理等，此外还包括农地流转管理中的一些具体项目管理，如农地资产收益使用管理、流转档案管理、流转合同管理等（蒋兴国、王智，1998；孔凡文、杜凤伟，1999；张志宏，2002；赵勇，1996）。

部分学者还研究了农地流转管理机制创新。綦好东（1997）指出：“我国土地管理长期实行的是资源型管理。这种管理模式虽然对我国的农地管理产生过积极的作用，却无法适应社会主义市场经济发展和经济增长方式转变的需要。实现资源管理型向资产化管理的转变具有现实迫切性。”徐承强、李枝荣（1997）认为强化土地管理机制必须确立“土地管理权”的法律地位，“土地的权属概念包括土地的所有权和使用权两个方面，实际上还应包括土地的管理权，只有把这‘三权’统一起来，才是土地权属的完整概念”。钟京涛（1999）认为农地管理权包括六个方面的基本内容：农地登记、农地规划、农地转用审批、审查并确认农地使用者资格、监督检查、完善相关配套制度。

三、集体林产权制度改革相关研究

（一）林业产权及集体林产权制度

对于与林业生产活动相关的产权问题进行界定是研究林业产权制度的基础。在理论层面，相关研究关注了林权、森林产权、林地产权、林木产权、林业产权、森林资源产权等概念的差异性定义（徐秀英，2004；乔永平等，2007）。森林资源产权被认为是森林资产的所有人占有、使用和管理森林资产的权利，相应的也包括对森林资产的所有权、使用权、收益权和处置权等一系列权利（石德金、佘健辉，1995；马爱国，2003）。刘宏明（2004，2006）探析了林权、林权客体、林权主体的基本概念，指出林权内容应包括依法享有占有、使用、收益和处置森林、林木和林地的权利。黄李焰等（2005）将林权归纳为所有权、用益权（权利主体对森林资源进行占有、使用和收益的权利）、担保权（主要指抵押权）。然而，曹祖涛（2006）认为林权作为一个广泛应用的概念，究竟什么是林权，在法律上并没有一个明确的规定。田琳（2004）提出：林权是以森林、林木和林地为客体的权力，凡是有关森林、林木和林地的占有、使用、收益或者处分的权力都可以归入林权这一范畴中。

集体林产权制度是林业制度的组成部分，也是林业产权制度的一项特殊安排。借鉴对社区林业制度的研究，林业产权制度只是林业制度的一项内容，林业制度的其他组成还有经营管理制度、税费制度、分配制度等，其中，产权制度是制度安排和制度变迁的核心内容（刘璨，2005）。我国林地只有国有和集体所有两种形式，集体林权制度正是衍生于我国独有的林地制度安排。集体林的所有权，应指集体所有制的经济组织依法对自己所拥有的森林、林木、林地享有占有、使用、收益和处分的权利（曹祖涛，2006）。张敏新（1999）认为，森林产权制度界定了所有者、使用者以及其他人对林木、林地、林内野生动植物等的权利。集体林权制度则规定了集体林地、林地上林木等资源的所有权和使用权。张蕾等（2002）将集体林多种经营形式归结为3类：自留山经营、承包经营（包括租赁、拍卖林地使用权等）、股份合作制。就陕西省榆林市研究表明，该市集体林权属状况有5种形式：乡、村、组集体经营管理；林业“三定”时划定的自留山；分包到户的责任山；大户承包经营；经流转的林地使用权和林木所有权（翟佳等，2006）。汪祥顺等（2002）提出完善和规范5种林业经营形式的具体建议：引导农民继续经营好“两山”；适当稳定乡村林场集体林经营；完善与调整林业“两户一体”；因势推进与规范全社会办林业；公益林建设实行用工拍卖押金承包。庄尔奇、常智慧（2001）以湖北省京山县石龙镇站村联营龙泉庵林场为例，提出站村联营林场具有优越性。张春霞（1994）、吴德进（1997）提出了乡村集体林业产权的内容和特点。

（二）集体林产权制度变迁

就我国集体林产权制度变迁进程的划分，可归纳为四阶段说、五阶段说、六阶段说和八阶段说（乔永平等，2007）。徐国祯（1998）把建国后集体林区产权制度的变革分为四个阶段，第一次是土地改革时期，第二次变革为农业集体化时期，第三次变革为“四固定”时期，第四次变革是林业“三定”时期。陈世清等（2005）持有的“四阶段说”将林权改革历程划分为：1949～1952年，土地改革时期；1953～1957年，合作社时期；

1958～1980年，农村集体化时期；1981年至今，林业“三定”时期。“五阶段说”主张为：1949～1953年，土地改革时期；1953～1956年，初级合作社时期；1956～1981年，高级合作社和人民公社时期；1981年至20世纪90年代初，林业“三定”时期；20世纪90年代初至今，改革阶段（徐秀英、吴伟光，2004）。“六阶段说”与“五阶段说”的前四个阶段内容基本一致，主要差别在于将第五阶段界定为“1992～1998年，林业股份合作制和荒山使用权拍卖试点”，并将第六阶段界定为“1998年至今，森林资源产权制度改革突破时期”（黄李焰等，2005）。“八阶段说”的三个主要特征是：其一，将人民公社时期（“四、五阶段说”的第三阶段）细分为“1956～1960年间的高级农业合作化时期”和“1960～1980年间的人民公社化及文革时期”；其二，将1998～2003年界定为“林业产权制度改革突破时期”；其三，将2003年至今界定为“林业产权制度改革深化时期”（柯水发、温亚利，2004）。刘璨等（2006）分析了集体林产权制度变迁及其绩效，得出：集体林产权制度是发展林业和提高收入的前提，集体林产权制度安排需要相适应的制度环境，产权的明确与清晰是集体林业发展的前提和必要条件，而不是全部。

（三）集体林权制度存在问题

我国林权制度的变迁多属于强制性变迁类型，林业政策“长官意识”较浓，缺乏充分尊重林农利益的需求，没有充分考虑林权的特殊性，林权政策的出台也缺乏相应的保障机制和配套措施，没有协调处理好各种利益主体的关系，使得产权变更出现了反反复复，林业资源遭受到严重破坏（柯水发、温亚利，2004）。南方集体林区产权制度存在诸多缺陷，具体表现为：权利主体模糊，关系不清晰；权束复杂，权、责、利不统一；权属多变，缺乏安全感和稳定感；权利人的处分权不落实，收益权受到侵犯；林权纠纷多，历史纠葛深；产权交易不规范，受人为影响大（张春霞，1998；沈文星等，2001；戴广翠等，2002；张蕾等，2002；徐秀英、石道金，2003；曹祖涛，2006；张正全，2006；钟全林等，2007）。徐秀英（2005）研究得出我国林权问题主要表现为：林权权能设置难以适应社会经济和森林可持续经营的要求；林地所有者与使用者之间缺乏明确的界定和法律保障；国家行政权对林权侵犯；农户与集体之间的委托代理机制尚未建立；林权市场化运作制度的缺损。类似研究表明，我国林权制度存在缺陷，对森林资源权属和农民产权保护不够，政府管制侵犯林农的生产经营自主权，高税费造成林业生产成本过高，最终导致森林资源的配置低效（程云行，2004）。集体林管理体制是一种高度集中、集权型的体制，行政管理机构的职能紊乱、条块分割、机构臃肿，难以适应林业发展的要求，抑制了林业生产的发展（邱俊齐，2007）。就三明市所实行的集体林股份制经营模式，林地林木所有权和经营权未分离，林农个人的股权虚置，权益得不到落实（吕月良等，2005）。早些时候，彭诗隆、刘溅根（1998）提出，实行分户承包经营山林的形式，导致"资源碎化与宏观管理难统一"、"分散经营与规模经营矛盾突出"、"缺乏市场竞争力"等问题。此外，在南方集体林区，林业各种收费占到木材销售价的40%左右，到了该降，甚至废除的时候了（刘金龙，2006）。

（四）集体林权制度改革方向研究

有关集体林权制度改革方向的研究涵盖林木、林地产权等方面。有关林地产权制度改革存在诸多不同观点：其一，主张集体林地所有权私有化，尤其是应推动商品林所有权与经营权紧密结合的林农私人所有制，以从制度根源上消除使用权承包关系导致的林农权属利益不明确（李立清、李燕凌，2003）。其二，取消林地集体所有制，确定林地国有制，并把林地使用权交给林农，以消除乡村两级对于林农经营活动的干预，保障林农权益（上官增前，1994）。其三，坚持集体所有制，保证制度的稳定性和规范性（张建国、章静，1995）。然而，近年来少有学者研究集体林地所有权制度改革命题。

基于"坚持林地集体所有制"，不少学者对现行产权制度深化改革进行了研究，提出了：确保产权明晰，完善林地法律体系，规范政府管理行为；进一步落实家庭承包经营为主，多种形式并存的集体林经营体制；建立林木、林地流转市场机制，推动集体林资源的优化配置，保证资源流转的公平和公正；制定营林优惠政策，建立健全林木和林地使用费的管理机制，以加强林地管理；放宽采伐指标，提高集体林营林主体经营积极性；加强宣传，尤其是宣传林权证换发的好处（张春霞，1998；谭世明，1997；张蕾、奉国强，2002；张敏新、肖平，1998；陈永源、谢德海，2005；华启清、林卿，2006；郑临训、江红，2006；徐秀英等，2006）。

（五）对新一轮集体林权制度改革的研究

1. 改革内容及成效

对于新一轮集体林权制度改革的研究关注了江西、福建、云南等省的具体做法。有学者将福建省集体林权制度改革特点概括为："四权"（即所有权、经营权、处置权、收益权）同时落实，所有权得以明晰，经营权得以放活，处置权得以落实，收益权得以确保（华启清、林卿，2006）。其主要内容为：明晰所有权，放活经营权；开展林权登记，发放林权证；建立规范有序的林木所有权、林地使用权流转机制；深化林业配套改革，落实林业经营者对林木的处置权和收益权（吕月良等，2005；沈文星、佘光辉，2006）。就明晰产权而言，南平市采取“均山到户、货币分配”，以保证权利平等，同时辅以“期货均山，完善方案”（郑临训、江红，2006）。江西省林权制度改革的主要内容为：明晰产权、减轻税费、放活经营、规范流转、配套改革。其主要特点是：领导重视，高位推动；尊重民意，依靠群众；以人为本，让利于民；精心操作，确保运行；并辅以配套改革（张国明、朱介石，2007）。云南省林权改革的主要经验是：领导重视，高位推动；健全机构，充实人员；积极稳妥，分步实施；抓好试点，积累经验；部门配合，加强宣传；依法操作，民主决策；辅以配套改革等（集体林权制度改革调研组，2007）。

陈锡文（2006）认为南方集体林权制度改革存在三方面现实意义：第一，促进社会主义新农村建设；第二，有助于缓解我国木材供给紧张局面，保障国民经济持续快速稳定增长；第三，林权制度及其所衍生出来的一系列改革，将推动整个农林的深入和综合改革。福建、江西两省林权制度改革的成效具有共性，表现为：解决了长期以来困扰集体林业发展的产权不清、权责不明问题，有效调动了广大林农发展林业的积极性，推动了林业的可持续经营（吕月良等，2005；郑临训、江红，2005；集体林权制度改革调研组，2007）。

2. 存在问题及其对策

林权制度改革存在的一般问题为：县、乡、村级政府收取的各项税费大幅度减少，基层政权正常运行受到影响；林改工作经费支出大，基层财力难以承担；公益林补偿标准偏低，管护难度大；林改后的林业发展后劲依然不足；林地流转中，林地及林木资产评估机构难以建立（孔祥智等，2006；孙妍等，2006；张国明、朱介石，2007；集体林权制度改革调研组，2007）。尹志娟、刘华根（2006）认为江西省林改中存在林地流转不规范、权利主体缺位、相关政策不配套、非公有制林业欠缺平等的竞争机遇等问题。孙妍等（2006）认为，林改没有从根本上解决协议林经营中存在的隐患，股份合作经营也存在诸多历史遗留问题待解决。南平市林权改革存在的问题为：林改工作发展不平衡；合同完善有待时日；林权改革中的矛盾和纠纷不断；片面理解“谁造谁有”政策，哄抢集体经营山林；生态区位调整落后（郑临训、江红，2006）。就福建省林业产权改革中的“轮包制”，张红霄等（2007）认为该制度在静态试点上具有相对合理性，但受到启动资金、采伐指标等因素制约，将影响农户增收、村财政收入、森林可持续经营等目标的实现。

为进一步发展和巩固林权制度改革已有成果，应进行一系列的制度建设，包括创新和完善林业产权制度、市场制度、组织制度等（陈锡文，2006）。为推进福建省林权制度改革，有学者提出：健全适应现代林业发展的社会化服务体系；引导创立新型的林业合作经济组织；积极拓宽林业融资渠道；加大林业科技创新和推广力度；创立林业可持续发展保护体系等对策性建议（吕月良等，2005；尹志娟、刘华根，2006；孔祥智等，2006；朱传忠，2006；王新清，2006；陈辉祥，2006）。众多研究关注了江西省林权制度改革完善方向：把林权制度改革与支持林业长远发展结合起来；把林权制度改革与社会主义新农村建设结合起来；申请中央财政转移支付，弥补地方财政收入的减少；提高生态补偿标准等（严成，2005；张国明、朱介石，2007；中共崇义县委、崇义县人民政府，2006）。

（六）国外学者对我国集体林权制度改革的研究

集体林为我国等发展中国家特定土地所有制度安排下的一种森林经营形式，等同于发达国家的社区林，即森林为一个群体所有。集体林权制度改革与家庭联产承包责任制改革一样，为我国农村社会经济体制改革中的特殊制度变迁。近年来，国外学者对我国南方地区集体林经营情况进行了一些关注，其研究成果可概括为：第一，研究了我国农村社会经济体制改革中，不同区域的林业改革进程。针对土地产权变化和价格制度改革，不同区域农户的林业产出存在显著差异。因此，在经济体制转轨中，政策环境的稳定性极为重要（Runsheng Yin、David H. Newman，1997）；第二，研究了我国集体林权制度改革中存在的制度约束，诸如木材采伐额度制度和价格控制体制，及其对客观评价制度变革绩效的不足，并提出了相应的分析框架（Peter Ho，2005）。第三，研究了我国集体林经营中出现的家庭股份合作模式。基于对集体林经营所面对的自然和人为因素，提出该模式有助于实现利益共享，调动农户积极性，提高森林可持续经营能力、林业生产力、公平性，也使得具有专业技能的营林者拥有目标多样性的管理选择（Yajie Song *et al*，1997）；第四，从社区林业角度进一步研究了集体林区森林经营模式的转变。由于受到社会、文化、经济、生态环境等因素的制约，形成的新模式并未使得农户获得原由收益。农户能从非木质林产品经营中获利，为经营模式转变的有利因素（Yajie Song *et al*，2003）；第五，认为我国西南地区出现了以家庭为营林主体的小规模林业生产活动，对于实现政策制定者确立的经济和环境双重目标具有积极作用。基于对云南省东南部4 个村庄的研究，提出政策支持、林业体系、乡村制度、多重规制是激发集体林发展潜力需要解决的根本问题。集体林权制度变革被认为是必要的，但并不完善，需加以考虑与构建正式制度安排相关的人力和社会资本投入（Horst Weyerhaeuser *et al*，2006）。

四、集体林地及林木流转相关研究

（一）林地流转现状、问题及对策

吴军、徐德云（2003）认为林地流转是指在不改变林地用途的前提下，允许林农以股份合作制、租赁、拍卖、承包等多种方式转让林地，使林地使用权按照自愿、合法、有偿的原则，有序流动起来。徐正春等（2005）认为林地流转实质上是林地资产所有权及其派生的经济权利的转移。近期研究将林地流转内涵予以拓展：既有集体林场、农户将林木经营权转让给从事森林经营的大户，包括招商引资进入的外来公司；也有小规模经营农户之间，以租赁、承包、赠予等方式转移森林经营权，不同方式在流转金额和时间方面存在较大差异（张蕾等，2000；童北海等，2003；邵权熙等，2007）。林权流转包括荒山使用权转让，林下资源开发权转让，森林景观资源开发权转让等方式（邵权熙等，2007;）。林地流转导致集体林经营主体多样化，包括农户、经营大户、村民小组、农民合作组织、乡村林场、乡（镇、街道）林业管理服务站站办林场、县乡联营林场、国有林场、森工采育场、外来公司等（王绿林，2000；邵权熙等，2007）。50 年林权流转的历程，就是市场手段逐步代替政府干预的过程，但是即使在今天，政府干预（权利干预）依然是林地流转一个不可或缺的因素，一方面表现在林权流转程序，另一方面表现为具有规模的林地经流转后获得有利采伐条件（邵权熙等，2007）。当前，林权流转程序为：林权流转交易双方协议签订流转协议——森林资源调查单位评估——申报林业主管部门审批——变更登记林权证——编制森林经营方案——安排专项年度木材生产计划——木材供应指定的林产加工企业（汤肇元，2002；邵权熙，2007）。汤肇元等（2002）以浙江省为例，研究了丽水等 4 个市林地流转的差异性特征。

我国林权流转在制度建设和实践操作上存在一些共同的问题，包括：流转政策方向不明；群众对流转认识不足，合法权益得不到有效保护；基层林业管理和执法单位地方财政经费保障严重不足；主管部门定位不清；制度不完善等（邵权熙等，2007）。林地流转中存在的具体问题表现为：招标、拍卖形式进行山林转让经营或承包经营，林权单位采取“简易评估”（即由村里成立评估小组进行实地评估），易造成集体资产的流失（张盛钟、卢春英，2005）；活立木流转不规范，对活立木流转的评估随意性大，流转方式不规范（沈月琴，2000；张盛钟，2006；乔永平等，2007；邵权熙等，2007）。王飞等（2005）提出林业资源配置有两种方式，市场调节配置和计划调节配置。现行林地流转并非完全市场调节配置，影响林地流转的原因众多：就农户而言，表现为其对政策稳定性的不完全信任、对于林地资源作为祖业的保守观念；就基层管理人员，尤其是乡、村干部而言，存在求稳心理，怕操作偏向，影响稳定等问题；此外，还有林业生产的特殊性、营林技术和后续资金的匮乏、管理制度不规范、林地流转政策宣传不足、市场流转价格过低等原因（徐秀英等，2001；童北海等，2003；吴军、徐德云，2003；李尔斌、孙延华，2005）。郑四渭等（2000）特别关注了浙江省生态公益林建设中的林地流转问题。

有关推动林地流转的建议可归纳为：第一，制定和完善林权流转的法律法规和政策；第二，政府应加强引导，积极组建森林资源交易市场，建立民间林业服务协会，引导群众自愿结合形成新的经济合作组织；第三，加快林业产业化建设；第四，精简行政审批事项，下放审批权限；第五，在技术层面做好资源调查；第六，做好宣传、增强服务功能；第七，建立市、县两级林地林木流转管理机构，扩大服务功能；第八，实行轻税薄赋的税率政策（沈月琴等，2000；沈文星等，2001；刘春杰，2002；吴军、徐德云，2003；丁胜、沈文星，2002；宋冬梅，2002；王润章、刘源望，2003；沃燕红等，2005；张盛钟，2006；柏章良等，2006；肖艳、曹玉昆，2007；钟全林等，2007；石山，2002；樊喜斌，2006；彭显明，2000）。

（二）林地林木价格及资产评估

林木价格，简称为林价，相关研究与应用在世界上已经有200多年的历史。19世纪中叶，数学教师E·F·简林发表《裸露林地货币价值的决定》文章和Martin Faustmann发表题为《On the Determination of the Value Which Forest Land and Immature Stands Possess for Forestry》的文章，标志着林价理论初步形成（邱俊齐，2007）。从林价理论发展来看，可分成初创阶段、公式化阶段、市场买卖阶段和现代阶段。多数学者认为林价由生产成本（包括利息）、税金和利润构成，也有少数学者认为林价应只计算生产成本和资金利息（高岚等，2006）。用材林林价测算是林学和林业经济领域内关注的热点问题，主要形成三种测量方法：第一，成本途径，即从营林投入（含地租）出发测算林价，测量模型为“用材林林价＝营林投入的各项费用＋林地地租＋营林合理利润”。第二，收益途径，从营林产出（木材产品的销售收入）出发，扣除相应税、金、费得出林价，测算模型为“用材林林价

=木材产品收入－采运成本－采运合理利润－木材销售费用－木材销售合理利润－木材销售税、金、费合计”。第三，市场途径，主要用于测算中龄林以上的林分（高岚等，2006；陈文波等，2000）。

我国与林地价格相关问题的研究始于20世纪80年代后期，主要关注了社会主义国家是否存在地租和是否应当征收林地使用费。在1993年后，该问题的研究重新得到关注，主要试图将马克思地租地价理论引入林地价值评估（黄和亮、张建国，2005；王合德，1994；甄学宁，1995）。林地价格如何形成一直是学术界研究的热点，主要观点包括林地供求均衡决定论、林地供求平衡决定论、林地效用决定论、林地稀缺决定论等，并由此形成不同的林地价格计算方法，主要包括现行市价法、地租资本化法、林地费用价法、林地预期收益法等，并在实践中得到了广泛运用（邱俊齐，2007；高岚等，2006；单胜道、尤建新，2003）。也有学者通过建立模型，对林地价格进行了预测（汤肇元等，2002）。

多数学者认为，我国当前林地林木资产评估随意性大（沈月琴等，2000；张盛钟，2006；乔永平等，2007；邵权熙等，2007）。单胜道、尤建新（2003）认为我国林地资源定级评估工作尚未真正开始，评估因素应包括自然环境和社会经济两个层面，在实际定级评估工作中，要根据具体地域和林地类型选择评价因素因子。当前，应建立健全森林资源资产评估体系，规范森林资源评估程序，确保资源调查的规范性，资产评估单位和个人须持证上岗，评估工作应参照《森林资源评估技术规范（试行）》（徐秀英、沈月琴，2004；张盛钟、卢春英，2005）。艾文胜等（2006）研究了有关竹林流转的资产评估方法，包括新造未投产的竹林、丰产竹林、一般竹林、风景竹林等不同类型的评估。

（三）林地流转市场现状及问题

林地产权市场体系包括：林地所有权市场，即林地征购市场，为农村集体所有林地转变为国有土地形成的市场；林地使用权的出让市场；林地使用权的出租市场；林地使用权的转让市场和转租市场（唐志、朱友君，2004）。集体林地使用权市场包括林地使用权一级市场和二级市场：在一级市场，集体林地（主要是统管山部分）的使用权通过承包、租赁、拍卖、股份合作等形式出让给农户、企事业单位使用，发生集体林地的所有权和使用权分离，为发生在林地所有者和使用者之间的交易活动；在二级市场，林地使用者在使用期限内，将林地使用权再一次转让给单位或个人开发使用，为发生在林地使用者之间的交易活动（徐秀英，2004）。戴星翼、江兴禄（2006）认为，福建省永安市已初步拥有了林权交易应具备的三级市场：一级市场为拥有林地所有权的集体将承包权让渡给其成员，或按规定程序将林地承包给外来者的市场；二级市场为承包权获得者将其产权让渡的市场；三级市场为林地资本市场，包括林权抵押市场。多数学者认为，我国林地产权市场体系尚未完全建立起来，林地流转中存在规模小、交易不规范、配置效率低下、林地交易价格失真等问题（徐秀英、沈月琴，2002；唐志、朱友君，2004）。梁明莲、江明峻（2004）认为，我国林地流转市场尚未形成，多数林地流转是老板和村干部一手操办，有的甚至是暗箱操作。不少学者提出应建立林地流转中介服务机构，建立林地使用权流转市场，其中政府应发挥主导作用（吴军、徐德云，2003；唐志、朱友君，2004；梁明莲、江明峻，2004；徐正春等，2005）。通过建立林立流转合同法律制度和构建信息平台，以降低林地流转交易成本（徐秀英、沈月琴，2004；王礼权，2006）。姚星期等（2007）提出了一个从交易成本角度分析林权交易的框架，认为林权交易中存在“搜寻信息、讨价还价、签订合约、林权计量、监督违约、寻求赔偿、防止侵权”等成本。

（四）国外林地流转相关研究

在西方发达国家，诸如德国，私有林、社团林买卖依据《民法》的有关规定进行，如同汽车、房产买卖一样，是按所有权转移的途径和办法进行（王迪生，2001；吴广宏，2001）。国外学者有关林地流转研究关注焦点在于林地用途转变的影响因素，林地产权变更后伴生的系列问题等方面。有关美国东南部三种典型的私有林地的研究表明，林地用途的转变取决于人口和收入两个主要因素（Alig, Ralph J.，1986）。美国南部地区，也是农地被用作造林的主要区域，农地与林地存在相互替代。究其原因，联邦政府出台了新的自然保护区和农场发展政策以及森林管理制度，林业和农业管理部门对此作出的回应各不一样，因而导致了土地用途转变的发生（Alig, Ralph J. *et al*，1998）。基于印地安纳州城市化进程的分析，相关研究表明该州南部地区城市扩张导致林地减少，以及在城市化过程中，农地被弃耕，从而转变为私有林地。研究结论为林地转变为城市用地的程度取决于城市住宅地的价值和工业聚集度，而不仅是人口密度（Darla K. Munroe、Abigail M. York，2003）。针对营林收益与成本的研究表明，若营林收益高于明确产权、营林成本和将农地转变为林地的总成本，可持续的私有林业、不可持续的公有林、未被开发利用的森林等不同类型森林对应的林地将发生转变（William F. Hyde *et al*，2003）。此外，相关研究表明森林产权变更将导致林地生产力变动，即不同规模营林主的森林资源结构，营林成本和产出各不一样（Matti Maltamo *et al*，1997）。

五、文献评述、论文理论起点和研究视角选择

（一）现有研究评述

当前，无论是农地制度变迁、制度绩效，还是农地流转，学术界都开展了大量的研究工作。就农地流转而言，其研究对象既有宏观层面的农地制度安排对农地流转的影响，以及为推进农地流转市场发育应实行的新制度安排，也有微观层面的农户主体行为差异导致的流转行为差异；其研究方法既包括了运用制度经济学、微观经济学理论等经济学理论所开展的规范研究，也包括通过计量模型的建立，运用实证研究方法，探析不同因素对于农地流转的影响程度。有关农地制度和农地流转的研究主要以耕地作为研究对象，对于林地，包括集体林木、林地资源的制度安排和流转问题研究较少。鉴于林业生产和集体林权制度安排的特殊性，有关农地制度和农地流转的现有研究成果难以直接为完善林木、林地流转制度提供理论依据。有关农地流转的研究方法，包括多元回归分析等计量方法在农地流转影响因素确定方面的运用，可以为本研究分析影响林木、林地流转因素提供借鉴。

有关集体林权制度和集体林地林木流转的研究多以规范性研究为主，且多数研究延续“现状描述——问题分析——对策提出”模式，缺乏前瞻性、系统性、针对性，常常只扮演了解释和附和国家政策的角色（李周，1998）。有关现状的研究多为描述性研究，缺乏基于现状的特点分析，也缺乏对现状的解释性研究。有关林地流转方式的研究显得略为零乱，部分学者将林地流转后的经营方式归结为流转方式。现有研究中提出的对策建议多数笼统，缺乏针对性，对实践的指导作用较差。最新研究并没有关注集体林权制度改革中出现的新情况和新态势，尤其是以林业行政主管部门为主导的林地流转市场建立和发展情况。此外，在集体林地林木流转相关研究中，集体林地林木权利主体的正常权益是否得到保障，以及流转主体的行为如何，都没有得到充分关注。比较而言，国外相关研究对象更为具体，运用了规范与实证相结合的研究方法，在研究视角上与国内存在较大差异。总的来说，国内集体林地林木流转研究尚处于起步阶段，在研究方法运用和研究视角选择等方面都存在较多不足。

（二）研究视角的选择

基于已有研究成果，本研究视角确定为：以集体林权制度改革为林地林木流转的制度环境背景，探析流转开展的现状，并从农户流转收益的实现情

况、流转主体和行为特征、政策规制等方面对流转现状进行深入研究。

1. 集体林权制度改革分析

以江西省集体林权制度改革作为林地林木流转的研究背景，探析制度改革与林地林木流转之间的内在逻辑关系。通过新一轮林权制度改革，集体林地林木流转已处于一个全新的制度环境，面临新制度安排的约束和影响，也对新制度安排产生新的作用，进而决定了流转的开展现状。

2. 集体林地林木流转现状分析

通过对集体林地林木流转制度措施，流转市场模式，流转数量、类型和主体、方式和形式、流转价格等内容的探析，以较为全面和客观地揭示当前所开展的林地林木流转，进而对现行流转形成初步认识。

3. 农户流转收益分析

流转活动的开展，使得林地林木成为农户资产性资源，即通过流转，农户可将林地林木资源盘活，直接获得收益。然而，林地林木的转出，意味着农户在长期内的资源收益权被一次性转出，若转出所获的一次性收入较转出期内自行经营所获取的收入少，那么流转收益的获取实际上损害了农户的林业收益。农户流转收益实现问题，也是新一轮林权制度改革的目标之一。对于该问题的研究，一方面有助于分析新集体林权制度安排的可持续性，另一方面有助于思考完善流转制度安排的对策。本书第五章将专门分析有关作为转出方的农户流转收益情况。

4. 流转主体行为分析

当前，集体林地林木流转发生率较低，使得林业生产要素难以汇集，影响林业规模化和集约化经营格局难以形成。致使流转发生率较低的原因何在，目前尚不得而知。就转出方而言，究竟是不愿转出林地林木，还是难以转出林地林木，是需要予以进一步研究的问题之一，具体见本研究第六章内容。就受让方而言，究竟是不愿转入林地林木，还是难以转入林地林木，则是需予以研究的另一问题，详见本书第七章内容。

5. 政策规制分析

当前所开展的集体林地林木流转处于现实的政策规制下。政策规制的存在，影响了流转市场的形成和运行，进而影响流转主体行为，决定流转现状。若政策规制有利于弥补流转市场的失灵，那么流转市场机制将趋于完善，农户获取的流转收益具有合理性，林业生产将快速趋于规模化和集约化，最终于实现林业生产力水平的提高，推动集体林权制度改革目标的实现。反之亦然。因此，本研究确定将政策规制作为一个重点研究内容。有关农户流转收益和流转主体行为的研究将为政策规制研究提供分析基础。

第三章
江西省集体林权制度改革评述

一、引　言

新一轮集体林权制度改革处于我国政府破解“三农”问题的新时期。为推动解决“三农”问题的核心问题——“如何实现农民增收”，农村税费改革工作于2000年在安徽省进行了试点，并于2003年在全国范围内推广。截至2006年，全国全面取消了农业税费，结束了以农养政的时代，农户从事农业生产所获收益快速增长（孙军等，2005）。农户也是林业生产活动的主体之一，如何使得农户从事林业生产的积极性得以提高，并且使林业生产收益得以增长，进而推动“三农”问题的破解，是林业被赋予的新历史使命。

与此同时，我国社会经济得到了快速发展，经济发展对于林业的物质产出和生态服务双重功能的需求程度不断加大。作为世界上最大的木材消费国之一，我国木材供需缺口较大，对国外进口材的依赖程度较高，对国内木材产业安全构成了严重的威胁。2005年，国内原木总供给量为$7.96\times10^7m^3$，仅占全国木材总供给量的24.16%。当前，林业发展的体制和机制障碍还没有从根本上消除，林业发展的潜力还没有得到充分地释放。因此，新一轮集体林权制度改革是促进林业发展的内在需要。

2003年6月中共中央、国务院发布了《关于加快林业发展的决定》（以下简称为《决定》），提出“林业是一项重要的公益事业和基础产业，承担着生态建设和林产品供给的重要任务”，因而要加快林业发展。《决定》第十三条提出，“进一步完善林业产权制度”，以调动社会各方面造林积极性，增加林业发展动力。《决定》发布之后，我国开始了新一轮集体林权制度改革。作为南方集体林区重点林业省，江西被列为四个林权制度试点改革省份之一。2008年6月中共中央、国务院发布了《关于全面推进集体林权制度改革的意见》，使得林权制度改革由试点转变为全面实行。截至2008年底，全国已有24个省（自治区、直辖市）陆续开展了制度改革。

本章首先回顾了产权理论和制度变迁理论，作理论分析基础；其次，从森林资源、林业产业发展情况、历次林权制度改革等方面，分析了江西省开展集体林权制度改革的迫切性；第三，分析了新一轮集体林权制度改革的主要内容、改革阶段性成效、改革面临的问题；第四，总结提出了林权制度改革与林地林木流转的内在逻辑关系。

二、理论基础

集体林权制度改革是产权制度重新构建过程中相关利益关系的重新构建过程，集体林产权主体明晰及其权能分配都是最为核心的内容。基于产权理论及制度变迁理论，有助于分析江西省集体林权制度改革的动力及发展方向。

（一）产权理论

1. 马克思主义产权理论

近年来，愈来愈多专家和学者认同“马克思早于科斯等西方学者 100 余年就创立的科学的系统的产权理论”（黄丽萍，2006）。马克思关于产权的主要思想是与所有制相联系的所有权思想，将所有制和所有权予以区分，并将所有权解释为所有制的法律形态（刘伟，2000）。马克思认为所有制和所有权应予以分别界定，也存在明显区别：其一，所有制是一个经济事实，是一种经济存在，属于经济基础，而所有权作为权利属于上层建筑的范畴；其二，所有制是生产资料归谁所有的经济制度，而所有权是财产归谁所有的法律制度；其三，所有制是先于所有权的存在而存在的，所有权出现时所有制已经存在了很长时间。诚然，所有制和所有权也存在密切关联。首先，所有制是所有权的经济基础，所有权的运动以所有制的运动为经济内容和基础，所有制的变动决定所有权的变动。其次，所有权是所有制的法律表现。前者作为上层建筑，又反作用于所有制，所有制的运动以所有权的运动为法律形式和保障。所有权的运动和实现与“所有制”的运动及实现是同一过程，只有从生产关系的角度揭示财产权，才能真正把握财产权的本质。

产权被马克思看作包含一系列资产权利在内的权利束，可以从广义生产和狭义生产关系的界定中，对广义所有制和狭义所有制予以区别。广义所有制是指在全部经济活动过程中所体现出来的所有制性质对全部经济生活的规定性，即社会生产关系；狭义所有制是指对资产的排他性占有，也是对财产归属的高度抽象和静态描述（黄丽萍，2006）。马克思构造了产权的权能结构理论，指出权利既可分离，也可统一。当广义的所有权赋予一个产权主体，则出现与自然经济相适应的产权模式。随着生产社会化和规模化，必然出现财产权利的分离，即广义所有权的不同权项分属不同权利主体。具体而言，权利的分离和统一包括以下不同类型：其一，所有权和占有权的统一和分离；其二，所有权和使用权等权利的统一和分离。通过对劳动力、土地和资本的考察，可以得出权利分离的条件、性质和特征；其三，劳动力所有权和使用权的统一和分离。

2. 西方产权理论

西方经济学家对产权理论的研究始于20世纪20年代左右，使产权研究成为一个独立化、专门化的研究领域，并从多角度、多层次、多侧面，系统关注了产权与经济效率的关系（曹钢，2001）。

科斯是最有代表性的产权经济学家。他在1937年发表的《企业的性质》一文中提出了产权的概念，其研究的起点是交易成本，并以交易成本假设说明产权界定对社会资源配置效率的影响。科斯等（1994）提出："为了进行市场交易，有必要发现谁希望进行交易，有必要告诉人们交易的愿望和方式，以及通过讨价还价的谈判缔结契约，督促契约条款的严格履行等。"因此，在西方产权研究早期，交易成本被界定为至少包含两项内容：发现相关价格的成本（即获得可靠市场信息的成本）、谈判与履约的成本。只要产权清晰和交易成本为零，不论财产权开始时如何分配，有关当事人都可以通过谈判和协议来消除有害的外部影响，实现资源的优化配置，该理论即"科斯第一定理"。在真实的世界中，正是由于交易成本为正，才使得权利的初始界定会对经济体制的运行效率产生重要影响。当交易费用不为零时，产权的初始界定和分配将影响最终资源。这就是所谓的"科斯第二定理"。之后，张五常通过研究指出，交易成本就可以看作是一系列制度成本，包括信息成本、谈判成本、撰写和实施契约的成本、界定和控制产权的成本、监督管理的成本和制度结构变化的成本。

在此，就现代产权经济学其他代表人物的学术主张仅做简单分析。威廉姆森的产业组织理论系科斯交易成本学说的拓展，交易费用被其比喻为"经济世界中的摩擦力"；交易费用被视为经济系统的运行费用，可划分为事前交易费用和事后交易费用。阿尔钦对产权下了比较权威的定义："产权是一种通过社会强制而实现的对某种经济物品的多种用途进行选择的权利。"（吴易风，1994）产权的实质就是界定人们如何受益及如何受损，谁必须向谁提供补偿以使它修正人们所采取的行动的权利。产权的主要功能就是引导人们实现将外部性较大内在化的激励；新产权的形成，是相互作用的人们对新的收益—成本的可能欲望进行调整的回应。德姆塞茨认为产权是一种社会工具，用于帮助人形成那些当他与他人打交道时能够合理持有的预期。产权具有造成福利或伤害自己或他人的权利。产权的作用可以使资本主义社会大量存在的外部性问题内部化，外部性问题是普遍的问题，外部性问题内部化需要一个基本条件：交易的双方应明确产权，另一个条件是内化的收益大于其内化的成本。公共财产存在着巨大的外部性，其基本表现之一是过分强调当代人的索取权，而公共财产外部性问题内部化的谈判成本较大，因而他建议通过调整产权来降低成本，并在很低的成本下使绝大部分外部性问题内部化。

（二）制度变迁理论

新一轮集体林权制度改革系集体林权制度变迁进入的新时期。基于制度变迁理论的分析，有助于分析新一轮集体林权制度改革的本质问题，以及新制度安排对林地、林木流转的影响。

所谓制度变迁，就是制度的替代、转换和交易过程。诺斯将制度变迁定义为“制度的创立、变更及随着时间变化而被打破的方式”（诺斯，1999）。制度变迁也可以被理解为一种效益更高的制度对另一种制度的替代过程。在这个过程中，实际制度需求的约束条件是制度的替代成本。制度变迁过程，既可以理解为一种更有效益制度的生产，也可以理解为规则的改变或重新界定权利的初始界限。

制度变迁通常可分为诱导性制度变迁模式和强制性变迁模式，两种模式产生和演进的动因各不相同。

其一，诱导性制度变迁模式及其演进动因。诱导式制度变迁的分析通常都采用了“需求——供给”分析框架，即分别从制度变迁需求和供给角度来分析制度变迁动因。总的来说，该模式产生的动因在于对促进经济增长的制度存在需求，或者是由于经济组织的知识进步引起了制度变迁（拉坦，1994）。在制度变迁的需求方面，技术变迁是产生制度变迁需求的动力，而其前提则在于土地等生产要素稀缺性不断加强，因而需要对生产要素进行集约使用。拉坦认为，“新的收入流的分割所导致的与技术变迁或制度绩效的增进相联系的效率收益，这是进行进一步的制度变迁的一个主要激励”，即“由技术变迁所释放的新的收入流确实是对制度变迁需求的一个重要原因”（拉坦，1994）。

其二，强制式变迁模式及其演进动因。强制性制度变迁是由国家通过一系列立法及行政命令来实现的（林毅夫，1994；周其仁，1994）。强制性制度变迁与诱致性制度变迁不同，它可以纯粹是由于不同选民集团之间对现有收入进行再分配而发生。林毅夫认为，因为制度安排是一种公共货品，而搭便车问题又是创新过程固有的问题，所以，如果诱致性创新是新制度安排唯一来源的话，一个社会中制度安排的供给就会低于最优水平。因此，由国家提供制度比私人生产更有效，国家干预可以补救持续的制度供给不足。周其仁（1994）认为，产权制度在本质上仍然是一种契约关系，尤其是权利主体与国家之间的契约关系。国家从某种利益目标出发，诸如保证社会公平，极有可能认定现行契约关系的不合理，从而凭借其暴力潜能重新安排契约关系。我国的农村改革可以看作是围绕产权重建所展开的制度变迁和制度创新。农村产权形式的确立，是社会与政府之间的一系列分步达成的交易，它是逐步排除国家对产权合约的侵犯的结果。由交易而产生的产权契约，只能由交易双方的朴素制度和制衡来执行和保护。长久的交易会使契约安排的某些内容制度化和法律化。

三、新一轮集体林权制度改革的背景

江西省是南方集体林区重点林业省，森林资源丰富；林业产业处于全国中上水平，但与福建、浙江等全国发达省份存在较大差距；经过历次林权制度改革后，尤其是“三定”时期的林改不成功，集体林业缺乏发展动力；能否减轻林业税费，放活生产经营，确保林业生产主体的利益得以充分实现，面临的社会压力较大。因此，江西省集体林权制度改革具有迫切性。

（一）资源丰富与产业发展的困惑

1. 森林资源禀赋

江西省森林资源丰富，2005 年森林面积位居全国第七，森林蓄积量位居全国第十；森林覆盖率高达 60.05%，仅次于福建省（张国明、朱介石，2007）。

截至 2006 年底，全省国土面积为 $1.67\times10^8 hm^2$，其中林业用地面积为 $1.06\times10^8 hm^2$，耕地面积为 $2.12\times10^7 hm^2$；林业用地面积占国土总面积的 63.59%，为耕地面积的 5 倍左右，高于全国林业用地与耕地面积比值。就林地使用权而言，国有林业用地面积为 $1.75\times10^7 hm^2$，占全省林业用地面积比重为 16.47%；集体林业用地面积为 $6.81\times10^8 hm^2$，其比重为 64.07%。全省林业用地中，有林地面积为 $8.72\times10^7 hm^2$，疏林地面积为 $1.38\times10^6 hm^2$，灌木林地面积为 $1.19\times10^7 hm^2$，未成林造林地面积为 $3.17\times10^6 hm^2$，无林地面积为 $1.36\times10^6 hm^2$，宜林地面积为 $1.28\times10^6 hm^2$。全省活立木总蓄积量为 $3.53\times10^9 m^3$，单位林地活立木蓄积量为 $21.18\ m^3/hm^2$，单位有林地活立木蓄积量为33.27m^3/hm^2；单位森林活立木蓄积量为36.16m^3/hm^2，位居全国第十六位，远低于71.61m^3/hm^2的全国平均水平。有林地中，乔木林地面积为7.89 $\times 10^7 hm^2$，活立木蓄积量为3.32 $\times 10^9 m^3$；竹林面积为8.23 $\times 10^6 hm^2$，共计1.42 $\times 10^{10}$株；乔木林地面积为竹林面积的9.58倍。乔木林中，69.41%的林地营造的为纯林，其余30.59%为混交林；纯林单位活立木蓄积量为39.18m^3/hm^2，混交林单位活立木蓄积量为48.74m^3/hm^2。全省单位森林蓄积量处于全国中等水平，表明森林资源质量具有较大的提升空间。

江西省下辖的十一个设区市中，赣州市森林覆盖率高达73.5%，位居全省首位；吉安、萍乡两市森林覆盖率超过60%；抚州、景德镇、新余、鹰潭、上饶、宜春等六市森林覆盖率居于50%~60%；九江、南昌两市森林覆盖率分别为43.8%和14.5%，排在最后两名。全省及各设区市森林资源具体情况见表3-1。

表3-1 2007年江西省及其设区市森林资源具体情况

单位：hm^2、m^3、%、m^3/hm^2

统计单位	国土面积	林地面积	非林地面积	森林覆盖率	活立木总蓄积量	单位林地蓄积量
江西省	16694655.0	10626466.4	6068188.6	57.7	353572338	21.18
南昌市	740132.0	126908.3	613223.7	14.5	3238704	4.38
景德镇市	524790.0	355579.4	169210.6	58.5	12721162	24.24
萍乡市	382699.0	253933.6	128765.4	60.5	6073103	15.87
九江市	1882324.0	1043836.8	838487.2	43.8	31184190	16.57
新余市	316367.0	177374.6	138992.4	51.5	5493121	17.36
鹰潭市	355425.0	199874.3	155550.7	53.1	6749945	18.99
赣州市	3937964.0	3034957.2	903006.8	73.5	97996188	24.88
宜春市	1867057.0	1040959.3	826097.7	51.9	41345355	22.14
上饶市	2279098.0	1372234.5	906863.5	55.6	38368609	16.83
吉安市	2527107.0	1733172.2	793934.8	63.2	67872923	26.86
抚州市	1881692.0	1287636.3	594055.8	57.9	42529038	22.60

注：数据来源于江西省林业厅调研收集的统计资料。

2. 林业产业水平

作为森林资源大省，江西也是林业产业大省。2005年江西省林业产业总产值为383.72亿元，位居全国第九，处于全国中上水平。但是，将江西省与林业产业总产值位居前四名的省份进行比较，可以得出：该省林业产业与发达省份存在较大差距，林业产值只有位居第一名和第二名的福建、浙江两省的40%，是位居第三名和第四名的江苏、山东两省的70%。详见表3-2。

表3-2 2005年全国林业产业产值前十名省份产业结构比较

单位：亿元、%

序号	省份	林业总产值	第一产业产值		第二产业产值		第三产业产值	
			绝对值	比重	绝对值	比重	绝对值	比重
1	福建	919.48	285.06	31.00	615.50	66.94	18.92	2.06
2	浙江	917.98	320.63	34.93	561.23	61.14	36.12	3.93
3	江苏	651.20	188.20	28.90	430.39	66.09	32.61	5.01
4	山东	620.80	342.36	55.15	268.11	43.19	10.33	1.66
5	湖南	453.93	199.81	44.02	171.32	37.74	82.80	18.24
6	河北	453.47	219.70	48.45	199.81	44.06	33.97	7.49
7	广东	440.70	330.98	75.10	102.38	23.23	7.34	1.67
8	四川	400.33	200.97	50.20	119.75	29.91	79.62	19.89
9	江西	383.72	183.30	47.77	140.20	36.54	60.22	15.69
10	湖北	350.16	194.00	55.40	103.28	29.50	49.89	14.25

注：数据来源于《2005年中国林业统计年鉴》，第12~15页。

2007年，全省国内生产总值为4056.73亿元，林业工业产值占全省总产值比重为9.46%。在林业产值中，第一产业产值为183.3亿元，比重为47.76%，远高于该省第一产业产值占总产值比重值—17.9%；第二产业产值为140.19亿元，比重为36.53%，低于全省总产值中第二产值的比值逾10个百分点；第三产业产值为60.22亿元，比重为15.69%，远低于全省第三产业产值比重。

在林业第一产业中，林木培育和种植产值为22.72亿元，木材、竹木采运和非木质林产品采集的产值为25.93亿元，此两项与林木直接相关的经济活动产值占第一产业产值的26.54%。在林业第二产业中，木材加工及木、竹、藤、棕、草制品业产值为69.92亿元，占第二产业产值比重为49.88%；家具制造业产值为22.41亿元，其比重为15.99%；造纸及纸制品产值为11.53亿元，其比重为8.22%；林产化学产品制造产值为9.26亿元，其比重为6.61%；其余产值来自于工艺品制造、建筑材料制造等，但其比重均小于5%。

在全国林业产业产值前十名的省份中，江西省林业第一产业产值绝对值排位最后，其比重值排位第六；该省林业第二产业产值绝对值排位居中，比重值位居倒数第四；该省林业第三产业产值绝对值和比重值均排在第三。与林业产业产值位居前三名的福建、浙江和江苏省相比，江西省林业第二产业产值绝对值和比重值均较小，即基于林木的制造加工业不甚发达。

（二）历次林权制度改革形成的历史背景

作为我国南方集体林区重点林业省，江西省集体林权制度改革的历史沿革与全国集体林权制度变迁路径具有一致性。基于现有有关江西省集体林权制度改革的研究，并结合《江西省林业志》等文献资料，自建国以来，江西省集体林权制度变迁其大致可分成六个时期：第一，土地改革时期；第二，初级合作社时期；第三，高级合作社时期；第四，人民公社时期；第五，"四固定"时期；第六，"文革"时期；第七，"三定"时期；第八，"新一轮集体林权制度改制"时期（柯水发、温亚利，2006；李娅，2007；王文辉等，2005；徐秀英等，2005；《江西省林业志》编制委员会，1999）。其中，"文革"时期为我国一个特殊时期，在此不作专门分析。

1. 土地改革时期（1950~1952年）

自1950年建国初至1952年间，我国全力恢复国民经济。1950年6月《中华人民共和国土地改革法》颁布实施后，江西省根据中央、中南军政委员会制定土改政策规定，将地主、封建山主占有的山林予以没收，将祠堂、寺庙、教堂、学校和其他团体的山林予以征收（与其建筑物相连的山林及学校校园除外），并将富农、林业经营者出租的山林亦予没收（王文辉等，2005）。在没收、征收的山林和无主的山林中，大果园、大竹园、大茶山、大桐山、大杉山，以及规模较大的防护林、风景名胜古迹林、风景林划为国有，建立全民所有制大林场、森工林场；其余宜于分配或分配后利于保护与经营的山林，均分配给无山或少山的农民（王文辉等，2005）。进行分配时，以原经营村或代表区为分配单位，以乡为单位进行调剂；以原耕山户为基础，坚持公平分配原则；杉木、竹木等用材林按蓄积量分配，油茶、油桐等经济林按常年产量折成耕地分配（李娅，2007）。

此时期的林权制度变革属于强制性变迁模式（柯水发、温亚利，2006）。促使土地改革时期林权制度变革的动因不仅在于恢复国民经济，也有着其内在的政治诉求，即保证以土地为生的农户获得必备的生产要素，以真正的"当家作主"。土地改革使农民获得了一定数量林地的所有权和使用权，尤其是收益的独享权，极大地激发了农民的生产积极性，农民生产生活条件有了明显改善，取得了良好的产权制度绩效（徐秀英等，2005）。然而，该时期林权制度存在两个明显不足：其一，受制于生产工具、资金、技术的不足，林业生产力低下；其二，政策执行不完备，具体表现为应分山林未分配、林分因分配而破碎化、土地产权证未及时发放。

2. 初级合作社时期（1953~1955年）

1953年2月，中共中央颁发了《关于农业生产互助合作的决议》，由此我国进入了为期五年的农业初级合作社时期。该时期内，我国政府在进行社会主义改造活动。根据该《决议》规定，农民入社的山地、山林、耕牛、大型农具仍为私有，以入股的形式，由合作社统一支配使用，产品在扣除生产费用后，60%按劳分配，40%按股分配。同时，允许农民保留少量自留山、自留林和自留树。全省林地入社情况不尽相同，其中江西省南部地区实施的较好。其具体做法为：按林木大小分等，每等按材质优劣、林地地力高低分级作价，同时根据采运远近等计算生产成本，据生产成本大小对林地级别进行加权处理，得出单位林地入股股金和股份。

初级合作社的成立为林权制度诱导式和强制性变革的结合模式（柯水发、温亚利，2006），山林从分散到集中，确立了山林的集体所有制。合作社成立后，土地利用得以统一规划，规模经营得以实现。农民拥有林地的所有权，合作社拥有使用权，收益权按照股份比例进行分配，实现了所有权和经营权的分离。这种产权制度安排有利于劳动力、资金、土地等林业生产要素的集约使用，从而推动林业生产力提高。受着管理水平的低下和为快速推进合作社等主客观因素的制约，合作社一方面朝着规模化发展，另一方面则并没有体现出规模效益。各地在处理林木入社工作中，不少地方林木作价很粗糙，作价不合理，甚至有些地方将社员的林木无偿入社（《江西省林业志》编辑委员会，1999）。

3. 高级合作社时期（1956~1958年）

1955年10月4日，中共七届六中全会通过的《关于农业合作社问题的决议》提出："要重点试办农业生产合作社，在有些已经基本实现半社会主义合作化的地方，根据生产需要、觉悟和经济条件，从个别试办，由少到多，分期分批地由初级社变为高级社。"由此，江西省逐步将部分初级社转变为高级农业生产合作社。同期，《江西日报》发表《正确贯彻林木入社政策》的评论文章，提出山林入社必须坚持自愿互利原则，并作出如下规定：凡社员私有的成片林木和荒山，均由合作社统一经营管理，逐步地转变为全社公有。就林木入社的办法，可以采取一次收买，分期归还；也可采取按山登记，固定材积，采伐收益时，扣除采运等开支后，其余作为偿还社员价款，全部采伐完毕，则全部偿还。就经济入社而言，可采取固定分益，固定年限的办法，即评定常年产量（按3年或4年平均产量），并根据山场远近等条件，确定分益比例和分益年限（一般为2~3年），到期取消固定分益，林木归社员所有（王文辉等，2005）。

此时期的林权制度变革也属于强制性制度变迁，山林个体所有制瓦解，公有产权成了唯一的产权类型，农民只有名义上的生产资料，林农对林权权益分配不满情绪开始出现（柯水发、温亚利，2006）。国家开始从归国家所有的天然林中采伐木材，且通过集体化控制集体林的采伐。在具体操作中，不少地方在山林转入高级社时，与初级社一样，存在对入社林地、林木作价过低等问题，影响了林农经营林业生产的经济性，导致了权属纠纷和乱砍滥伐的出现（王文辉等，2005）。

4. 人民公社时期（1958~1960年）

1958年8月，中共中央通过了《关于在农村建设人民公社的决议》。之前，中共中央通过了《关于小型的农业合作社适当地合并为大社的意见》。按照该《决议》具体要求，江西省各地区纷纷开展人民公社化运动，原属乡村和高级农业生产合作社的山林，以及社员的自留地、坟地、宅基地等一切土地，连同耕畜、农具等生产资料一起无偿划归人民公社或生产大队所有，由公社进行统一规划、统一生产、统一管理，消费者实行平均分配。

沿照强制性制度变迁模式，人为突变推动了高级社向人民公社的转变。在人民公社时期，山林所有权、使用权、收益权、处分权“四权”统一于集体的产权制度安排，在特定的历史条件下，发挥了积极作用，为国家完成工业化的原始积累做出了巨大的贡献，同时保证了社会公平，保障了农村社会的稳定发展。然而，林农不再是山林的主人、个人所有制彻底土崩瓦解，权属纠纷和乱砍滥伐严重。

5. “一平二调”及“四固定”时期（1960~1966年）

1959年底，江西省贯彻中共中央指示，在全省农村开展纠正“共产风”和“一平二调”错误的运动，确定实行公社、生产大队、生产队三级所有制，以生产队为基本核算单位的管理体制（王文辉等，1999）。1961年底，江西省委颁发《江西省森林经营管理暂行办法》，确立了国家和集体两大公有主体，稳定了山权林权，并明确了一定数量的个人所有自留山权和林权，恢复发展了林业生产。

1962年9月27日，中共八届十中全会发布《农村人民公社工作条例（修正草案）》以后，全省各地开始调整社、队规模，生产大队对生产队实行固定土地、固定劳力、固定耕畜、固定农具的“四固定”管理制度。在“四固定”过程中，全省共有1.58万个生产大队固定和调整了山林权属，占应固定生产大队总数的58.4%，有的地方还发放了山林执照（证）（《江西省林业志》编辑委员会，1999）。

在该时期，全省成熟林资源数量大幅减少，其面积从42.5%减至13.3%，蓄积量从65.5%减至34.7%（张志云等，1996）。

6. 林业“三定”时期（1981~2004年）

1981年，根据中共中央、国务院《关于保护森林发展林业若干问题的决定》，江西省成立了稳定山林权属领导小组，地、市、县也相继成立了相应的领导小组或办公室，专门负责林业“三定”（即稳定山权林权、划定自留山、确定林业生产责任制）工作。

1983年6月，江西省委、省政府颁发《关于加快林业建设若干问题的决定》，提出“要改变目前有的地方自留山比例定的太低太死的情况，满足农民对山的要求”。各地根据这一规定，对“三定”工作进行了复查和补充，并对山林权属进行单独登记发证。至1983年底，林业“三定”工作基本结束，全省共落实山林权属面积$1.01 \times 10^8 hm^2$，占全省山林总面积的96.2%；划定自留山$2.67 \times 10^6 hm^2$，发放自留山证317.2万户；建立生产责任制经营的山林面积$6.32 \times 10^7 hm^2$，占山林总面积的60.5%，其中大部分都已签订了集体与农户之间的责任山合同（《江西省林业志》编辑委员会，1999）。“三定”工作的推进，使得农户拥有的林地使用权、林木所有权数量有所增加，生产经营自主权得以确立，生产积极性、劳动效率都提高。部分地区出现了包山热，涌现出造林专业户和重点户2.63万户，造林联合体1082个（《江西省林业志》编辑委员会，1999）。从这点而言，“三定”时期的林权制度变迁为诱导性和强制性变迁的结合模式。

1985年，中共中央、国务院又颁发了《关于进一步活跃农村经济的十项政策》，要求在集体林区实行“开放市场，分林到户”的政策，使农民拥有充分的林地经营权和林木所有权。同时，在国有林区实行以“让利放权”为主要内容的承包责任制，将部分国有林业企业的经营权转给了经营者。由于配套政策没有跟上，加上经营者对改革政策缺乏足够的信心，南方出现了比较严重的乱砍滥伐现象。1987年，中共中央、国务院发出了《关于加强南方集体林区森林资源管理，坚决制止乱砍滥伐的指示》（中发［1987］20号），提出要执行森林限额采伐制度，由此停止了分林到户的工作。这表明，在“三定”后期，林权制度变革重新回归到强制性变迁模式。

就江西省而言，为应对林业“三定”中出现的问题，具体采取了如下主要措施：第一，立即停止分山到户，尚未分山的地方一律不再分山；第二，实行“两山并一山”政策，将自留山和责任山统一归并为家庭经营山；第三，推行“两个依托”，鼓励各地将部分山林收归乡村集体统一经营，大办乡村林场。1989 年全省开展“消灭荒山”运动，对分到户尚未绿化的荒山全部收归集体统一造林，然后创办乡村林场统一管理。这样一来，使得林业“三定”本已明晰到户的自留山和责任山山林权属又变得模糊起来（李娅，2007）。

“三定”时期集体林权制度改革的不成功，使得集体林经营重新陷入了困境。具体表现为：集体林以集体统一经营为主，产权不明晰，权益主体不清晰，农户收益难以得到保障；税费负担重，全省平均税费负担占木竹销售价的 56%，有的地方甚至高达 70% 以上，农户缺乏经营积极性。

（三）多重利益关系急需调整

新一轮集体林权制度改革是以集体林权制度为核心的林业制度改革，以提高集体林资源配置效率为根本目的，以调整不同层面和主体之间的利益关系为传导机制，以重新明确权利主体的权益为具体手段。其中，急需调整的利益关系包括国家与个人、部门与社会、局部与整体等层面。

1. 国家与个人

在林业实践和社会经济发展中，国家与个人之间需调整的利益关系体现在林业资源开发利用及产生的收益分配等方面。自“三定”以来，由于一度担心采用市场机制来配置集体林资源可能出现十分严重的经济负外部性，诸如森林资源利用导致的生态环境破坏，针对集体林区林业生产活动实施了较为严格的经营管理制度，而没有关注集体林资源对于广大农户生计和发展的支撑作用。换而言之，集体林区森林资源的增长，森林生态环境的改善是建立在个人利益遭受一定程度损失的基础上。也正由于此，农户尽管是集体林的名义权利主体，但实际上没有权利参与山林流转、山林收益分配等事务，而集体山林的经营收入和利益，没有按照规定让林权所有者享受，而成了集体经济组织的“小金库”，或者是成为基层组织的运行经费。过去 30 年中成功开展的“农村土地联产承包责任制”表明通过将耕地承包给农户，一方面将有助于提高耕地的利用和配置效率，另一方面也将有利于农户基于耕地的各项权利得以更好实现。自 2006 年起，为进一步保障农户利益，我国全面实施了农业税减免政策，并在进一步优化“土地联产承包责任制”。农业土地、税费制度的改革表明，国家主动对农户利益给予了更高的关注，这一方面取决于农业在国民经济中的重要地位，另一方面也表明经济结构有了较大调整，第二、三产业都有了很大发展，原本存在的农业反哺城市的格局应该也可以转变。对于江西省而言，全省大部分地区为山区，社会经济总体发展水平不高，广大农户生计和发展离不开土地的开发利用。遵循边际收益递减规律，当耕地集约边际达到既定值时，增加劳动、资本等其他生产要素的投入难以增加收益，需要将劳动、资本转移到林地资源的经营利用方面，提高林地资源的边际收益。如果不打破制约农户林业收益实现的条件，农户个人利益必然受到损害，从而影响到国家整体利益的实现。

2. 部门和社会

林业一度被界定为社会经济发展中的基础产业。随着对森林多重功能的认知趋于科学，林业可被界定是社会经济领域中的重要产业和公共事业。作为产业，林业具有物质产出功能，产出实物产品过程与一般经济活动无根本差异；作为事业，林业具有生态服务功能，提供水土涵养、气温调节等具有公共物品属性的非实物产品，其投入主体应为社会或国家。林业在特定时期，诸如在“一平二调”和“四固定”时期之前，其主要发展目的在于推动国民经济的发展，当时社会对林业一直“多取少予”，这也是导致森林资源快速下降的原因所在。在此期间，部门被作为整体的附庸，缺乏能动性，因此部门内在的运行规律未被遵循。时至今日，通过各项林业工程的实施，森林资源得到了快速增长，但是林业提供的各项产出与社会经济的现实要求还存在较大差距。江西省拥有丰富的森林资源，然而林业产业发展水平不高。该省林地面积和森林蓄积分别是浙江省的 1.6 倍和 2.1 倍，而 2005 年全省的林业产值却仅为浙江省的 41.73%。如何将森林资源优势转化为经济优势，成为调整部门与社会关系首要问题。与此同时，如何满足社会不断增长的生态环境服务需求，也是林业部门需要面对和解决的问题。作为具有规模效益的产业，随着资本、劳动等生产要素的投入增加，林业收益也能相应增加。不容忽视的是，江西省农村人口近 2/3 生活在山区，2/3 的国土是山区，2/3 的县（市、区）为重点林业县（市、区），即 99 个县（市、区）中有 70 个县（市、区）被省政府确定为重点林业县（市、区）。如何扩大劳动、资本投入规模，成为林业发展需要解决的问题之二，也是林业作为一个部门需要社会给予更多关注之处。上述两个问题关系到林业资源的配置效率问题，若无法得到解决，部门和社会的利益都将受到损害。

3. 林业内部的不同主体

林业生产经营活动主体可分为经营者和管理者两个群体。前者包括农户、营林公司、木材商人等，后者包括林业行政管理机构及有关的其他政府职能部门。在林业实践中，集体林权制度存在许多不完善、不落实的问题，使得经营者和管理者之间的利益冲突日趋严重，经营者的利益难以得到保障，管理者的工作难以开展，林业生产力水平的提高难以实现。有的地方在没有经过农民同意的情况下，将原来划分给农户经营的自留山和分包到户的责任山收归集体，或者转让给其他个人和经济组织，打乱了原有的承包关系；有的集体山林的权属很不清晰，一旦遇到调整林业政策，就很可能引发山林纠纷，影响着农村社会稳定。有的地方集体林由于没有落实具体的经营者，导致经营管理粗放，效益不高，名义上的“集体山”，成了事实上的“无主山”；有的山林流转转让没有经过村民会议、村民代表大会或者林场职工代表大会集体讨论决定，而是以低价转让出去，损害了林权所有者的合法利益。此外，农户从事林业生产仍需缴纳较高的税费，缺乏生产经营积极性，导致林业资源低效配置。能否消除经营者和管理者之间的利益冲突成为林业发展的决定性因素之一，而其关键则在于林业制度的完善。此外，如何提高管理者水平，理顺林业管理体制，则是林业制度能否得以完善，以及新制度安排能否有效实行的保障。换而言之，管理者对更新理念、寻求管理方式、组织机构创新具有较强的现实要求。

综上，由于存在多重利益关系需要进行调整，在国家农村有利发展政策的大背景下，结合江西省的林业发展情况，对于实施新一轮集体林权制度改革具有较强的迫切性，希望通过改革来激发林业生产积极性、做到“山有其主，主有其权，权有其责，责有其利”、形成“全民动手、全社会办林业”的氛围、构建利益和谐的发展格局，以提高林业生产力水平和促进社会经济发展。

四、新一轮集体林权制度改革剖析

作为全国四个林权制度改革试点省份之一，江西省委、省政府于2004年8月出台了《关于深化林业产权制度改革的意见》（赣发［2004］19号），并在全省开展了新一轮集体林权制度改革，通过赋权于民，理顺林业生产关系，破解林业发展的各种体制机制性障碍，调动广大林农参与林业建设的积极性，吸引社会力量参与林业生产活动，激发林业发展动力，提高林业生产力，满足经济发展以及生态建设对林业物质产出、生态服务功能的双重需求。

（一）林权制度改革内容

在借鉴周边省份林权制度改革经验的基础上，江西省提出了以“明晰产权、减轻税费、放活经营、规范流转、综合配套”为主要内容的林业产权制度改革。

1. 明晰产权

明晰产权是此次林业产权制度改革的核心环节，也是深化林业体制改革的基础和核心。此次明晰产权的改革范围主要是县级以上人民政府区划界定的集体商品林，涉及的主要对象为以农户为代表的自然人、以村为代表的集体组织、以民营林场为代表的经济组织。明晰产权涉及林地使用权、经营权、转让权、林木所有权，不包括林地所有权。

为推动产权明晰，江西省采取了“均山”、“均股”、“均利”、“善史”、“颁证”等五种办法。其一，“均山”，即将能够分山到户的山林一定要分到户，要求集体山林的分山到户率达到80%以上，以实行家庭承包经营。其二，“均股”，即不能或不宜分山到户、仍由集体统一组织经营的，要落实经营主体，并把股权分到户，收益按股分红。其三，“均利”，集体山林通过流转或其他方式承包经营的，将其70%以上的流转或经营收益按人口均分到户。其四，“善史”，妥善处理林业“三定”后遗留的各种历史问题，并基于尊重历史，处理林权纠纷。其五，“颁证”，对于产权明晰的山林颁发国家林业局印制的、统一格式的林权证，并在证页中用地图注明山林“四界”。就前三种形式，都须经村民大会2/3以上多数讨论通过，方可实行。截至2007年12月底，江西省土地及林地使用权属结构见表3-3。

表3-3 林地使用权属结构表（截至2007年12月底）单位：hm^2、%

使用权种类	土地面积	不同使用权土地比重	林地面积	不同使用权林地比重
国有	1983463.7	0.119	1750762.0	0.165
集体	12134512.0	0.727	6808424.3	0.641
民营	2320357.7	0.139	1939283.1	0.182
外资	49926.1	0.003	49908.7	0.005
其他	206395.5	0.012	78088.4	0.007

注：数据来源于江西省林业厅调研收集的统计资料。

在产权明晰过程中，林权纠纷得到了有效解决。就林权纠纷的解决，坚持“先调解后确权、调解不成就搁置”的基本原则。在纠纷调处过程中，本着保护权利主体切身利益，坚持不走司法途径，不搞行政裁决，充分依靠基层组织和民间调解机制进行协议调解。截至2007年底，针对全省存在纠纷的$5.09\times10^5hm^2$山林，成功调处$4.27\times10^5hm^2$，调处率达到83.9%；以纠纷起数计，全省原本存在70728起林权纠纷，成功调处68419起，调处率达到96.7%。截至2007年12月底，山林权属纠纷调处情况见表3-4。

表 3-4 山林纠纷调处情况表（截至 2007 年 12 月底）

单位：hm^2、%、起

县（市）	纠纷面积	已调处面积	面积调处率	纠纷起数	已调处起数	起数调处率
南昌市	6351.20	6110.40	96.2	912	893	97.9
九江市	47125.13	44240.20	93.9	9423	9289	98.6
萍乡市	3817.00	2780.27	72.8	311	286	92
新余市	624.07	603.40	96.7	125	122	97.6
鹰潭市	2289.80	1981.33	86.5	385	350	90.9
赣州市	161384.60	142849.00	88.5	10520	9872	93.8
宜春市	39378.13	37351.07	94.9	12659	12295	97.1
吉安市	135609.93	85199.67	62.8	15453	15005	97.1
上饶市	26295.87	24402.60	92.8	3108	2962	95.3
抚州市	73867.33	70499.13	95.4	15239	14857	97.5
景德镇市	12863.13	11734.67	91.2	2593	2488	96
合计	509606.20	427751.67	83.9	70728	68419	96.7

注：数据来源于江西省林业厅调研收集的统计资料。

值得一提的是，对已经发生流转的山林进行区别对待，并采取了两种差别性的处理办法。第一，对符合政策、采取规范流转的山林，根据本次林权制度改革要求对权属和权益进一步明确，并确保农户从林权制度改革政策性让利（主要为税费减免导致的营林收入增加部分）中获利；第二，对违反政策、采取“暗箱”操作流转出去的山林，废除原有流转协议，纳入重新确权范畴。

2. 减轻税费

为全面减轻林农进行林业生产经营的税费负担，江西省财政厅和林业厅联合下发了《关于取消涉林违规收费和调整育林基金分成比例等有关问题的通知》（赣财综［2004］80 号）。其主要做法可概括为，“两取消、两调整、一规范”。“两取消”为：取消林木、竹木农业特产税，集乡、村两级附加收费。“两调整”为：调整集体林育林基金平均计费价格，及育林基金省、市、县的分成比例。育林基金分成比例调整后，省、市、县（市、区）、乡（镇）四级分成比例分别为 8%、15%、70%、7%。“一规范”为：规范增值税、所得税征收范围，对从事木竹生产的单位和个人自产自销的原木、原竹依法免征增值税，暂免征收所得税。从表 3-5 可得出杉原木相关税费减免情况。

表 3-5 林改前后江西省杉木生产经营税费变动表

税费种类	税费细类	平均征收基价			征收标准		
		单位	林改前	林改后	单位	林改前	林改后
税收	农特税	元/m^3	430	–	%	8.4	0
	所得税	元/m^3	430	–	%	3	0
省以上批准收费	育林基金	元/m^3	430	360	%	20	20
	检疫费	元/m^3	430	360	元/m^3	2	2
	木材运输证工本费	元/m^3	430	–	元/份	1.5	0
县级收费	木竹检量费	元/m^3	430	–	元/m^3	7	0
乡级收费	乡统筹费	元/m^3	430	–	元/m^3	60	0
村级收费	村提留款	元/m^3	430	–	元/m^3	55	0

就铜鼓县而言，该县 2005 年杉原木市场销售价格为 420 元/m^3，销售每立方米木材应缴纳税费总额为 74 元，其中 72 元为育林基金、2 元为检疫费，占木材销售价格的 17.62%；而在 2003 年，杉木市场价格为400 元/m^3，销售每立方米木材应缴纳税费总额为 260.52 元，包括 36.12 元农特税、12.9 元所得税、86 元育林基金、2 元检疫费、1.5 元木材运输工本费、7 元检量费、60 元乡统筹费、55 元村提留款，占木材销售价格的 65.13%。

由于“两取消、两调整、一规范”的税费改革措施得到较好落实，2005 年全省实现林权制度改革政策性让利 7.52 亿元，其中取消林木、竹木农业特产税 1.64 亿元，取消市、县、乡、村自行收费 2.3 亿元，林业部门调整育林基金平均计费基价让利 1.57 亿元，规范增值税、所得税征收范围让利 2.01 亿元。

3. 放活经营

放活经营，即在明晰产权、减轻税费的基础上，把林地的经营自主权真正还给从事林业生产活动的农户，可简称为“还权于民”。主要包括三个方面：

（1）优化木竹限额采伐制度实施环境。木材限额采伐制度出台于 20 世纪 80 年代末期，着眼于遏制当时出现的乱砍滥伐。时至今日，木材限额采伐制度成为影响林业经营主体从事林业生产活动积极性的首要因素。究其原因，在于经营主体，尤其是农户，难以获得采伐指标。然而，在现阶段，限额制度对于确保森林可持续经营具有难以替代的约束作用。为确保林业经营主体能获得采伐指标，江西省对限额制度的实施环境予以优化，提出并实施了“前置审批、双线运行、两榜公示”为主体的限额审批制度。“双线运行”即在每年的10月，由省林业行政主管部门下发采伐额度申请通知，村委会组织农户进行申报，并形成村采伐指标申报表，送交林业工作站核实资源情况；之后，通过乡（镇）政府送交县林业行政主管部门，再由县汇总到省林业厅，此为“自下而上”的申报路径；此外，省林业厅根据全省采伐指标申请情况，以及全省年度可采伐指标数量，审定各县可采伐额度，下发至县、乡（镇）、村，此为“自上而下”的审批路径。由于将审批工作提前到生产当年的前一年末，即“前置审批”，获得既定限额的经营者在来年则可灵活制定采伐和销售工作方案，从而改变过去采伐指标当年分配制度的滞后性，给予生产经营者更为有利的经营环境。对于申报采伐的数量，以及审定的数量，都要求在村张榜公示，以确保审批的公平、公开、公正性，即“两榜公示”。

（2）改革木竹采伐管理制度。对于毛竹和胸径10cm以下间伐材不纳入生产计划管理，由县级林业主管部门按照省批准下的采伐指标控制，符合条件的原则通过审核即可开展经营利用。对于成过熟的人工用材林、定向培育的工业原料林，在限额内优先解决，符合条件的即审即批。同时，放宽毛竹采伐范围，对于被划定为公益林的毛竹，经批准允许进行抚育和更新性质的采伐。

（3）彻底打破木竹垄断经营，构建木竹市场机制。允许林业经营者自主销售木竹，明确规定各级政府和有关部门不得制定任何限制林农自主经营的制度措施，要求坚决取消已经制定的限制林农自主经营木竹和林产品的制度措施。

4. 规范流转

为保障山林权益主体的切实利益，江西省出台了《江西省森林资源转让条例》，对森林资源流转行为进行全面规范，确保森林资源公开、公平、公正、有序流转。该《条例》规定，在不改变集体林地所有权和林地用途的前提下，允许林木所有权或者经营权和林地使用权依法、合理、有序流转，规范流转行为，促进林业资源的合理配置。

规范流转工作开展过程中，强调了森林资源的流转必须充分尊重经营者的主体地位。山林是否流转以及流转的方式由经营者自主决定，任何组织和个人不得强迫或者阻碍流转。凡是资源流转的，要依法签订流转合同，办理林权变更手续，已经流转但是手续不完备的应当补充完善有关手续。对于集体经营山林的转让，应经村民大会或村民代表会议2/3以上成员同意；国有森林资源的转让，必须经林业主管部门审核后，报同级国有资产管理部门批准，依法采用拍卖、招标方式进行，并在依法设立的产权交易机构中公开进行。山林流转必须坚持五个原则：第一，有利于保护、培育和合理利用森林资源；第二，有利于保持水土，保护和改善生态环境；第三，自愿、平等和合法；第四，不得改变林地的性质；第五，不得损害国家、集体和社会公共利益。

5. 综合配套

在此次林权制度改革中，江西省开展了一系列配套改革。其一，实行政企分开，政事分开，推动国有林场经营管理体制。通过明确职能，消减非经营性事务，精简工作人员，压缩成本，促使国有林场朝现代化企业方向发展，提高市场竞争和盈利能力。其二，加强林业部门职能，提高林业行政管理和执法能力。通过调整林业管理机构，推进林业行政综合执法改革，加强基层检查站、林业工作站的执法职能，提高服务质量和办事效率，减少审批环节，强化林业社会化服务管理，将森林防火、森林病虫害防治、造林规划指导、林权登记、市场信息化服务等纳入共用事业管理。其三，调整财政拨付机制，解决税费减免导致的基层组织运行经费不足问题。省财政拨付10亿余元专项资金，用于解决乡、村两级减收问题，以确保基层组织的正常运行。其四，组建要素交易市场等林业中介服务机构，推动林业行业协会和林农合作组织的发展，建立健全林业服务体系。此外，还提高了野生动植物资源保护管理费的征收标准，启动生态公益林补偿项目，以确保林业生态服务实现具有相应的资金支持。

（二）集体林权制度变革模式

江西省这次林权制度改革分三个阶段推进：其一，在2004年选择崇义、铜鼓、遂川、德兴、浮梁、武宁、黎川7个县（市）进行试点，探索经验；其二，在2005年全省全面启动林权制度改革；其三，基于主体改革基本完成，实施“一个中心，六大体系”的配套改革。当前，已进入第三个阶段。江西省林权改革工作在短期内得以快速推进，具有典型性。

1. 以强制式制度变迁为主要模式

江西省新一轮集体林权制度改革体现了典型的强制性制度变迁模式，即通过行政力量来推进制度变迁。从林改试点开始，江西省委、省政府就提出了“五级书记抓林改”的工作要求，把林改作为破解“三农”难题、推进社会主义新农村建设的一件大事来抓，摆到重要日程。省委、省政府主要领导亲自研究、亲自部署、亲自督查，每年的全省林权制度改革大会都到会讲话。改革期间，多次深入乡村进行专题调研，指导改革工作，解决工作中遇到的重大问题。全省93个县（市）中有89个县（市）的林改领导小组组长由党政主要领导担任，乡村两级基本上都由党委（村支部）书记担任，许多地方把改革与地方组织换届、干部任用考核、财政转移支付、部门形象测评等予以关联，形成了党委政府统一领导、林业部门督促指导、村组两级具体操作、一级抓一级、层层抓落实的工作机制，确保了改革的有序推进。

为确保"明细产权"工作得以顺利实施，江西省专门制定了《林业产权制度改革确权发证操作规范》，对确权发证的范围、对象、发证机构、林权勘察、林权登记、公示、发证、资料建档、质量检查等10多个环节的工作程序和要求都作了详尽规定，确保改革不出差错，不留后患。全省共举办培训班900多期，受训人数达6万多人，使每个参与林权制度改革的人员都能掌握政策、学会操作。2004年9月先在7个县（市）试点，试点成功后才在总结、完善其基本做法的基础上于2005年4月在全省全面推开。为严防乱砍滥伐，江西省在改革初期就宣布实行"三个暂停"，即：在改革方案出台之前，暂停木材采伐，防止因政策宣传不到位出现乱砍滥伐；暂停木竹交易，防止木竹经销商趁机低价收购林农木竹；暂停山林流转，防止村组突击流转山林损害群众利益。为确保改革秩序稳定和森林资源安全，全省还同时组织开展了声势浩大的"绿色旋风"一、二号行动和"绿剑"一、二号行动，对改革中可能出现的问题保持了一种压力，前后持续两年多时间，打击和防范了各种破坏森林资源的违法犯罪活动，保证了改革的平稳推进。

正是由于采取了强制性制度变迁模式，江西省林权制度改革的各项内容得到了快速落实，该省也因此成为全国集体林权制度改革先进省份。上述变迁模式的顺利推进有赖于行政力量、财政支付等手段将社会资源短期内得以聚集，并投入于制度改革。换而言之，这种模式的典型特点可概括为政府的强干预性以及短期的大量财政资金收入。由于缺乏对比和参照，改革绩效的优劣短期难以显现，目前难以从政府投入效率的角度来对改革模式的好坏进行客观评价。

2. 兼顾了诱导式制度变迁模式

新一轮林权改革过程中，管理部门考虑了农户的切身利益，并通过利益关系的重新调整，诱导农户参与此次改革。

首先，通过向农民发送公开信、选派工作组进村入户、广播电视反复播放等形式，广泛宣讲改革政策，使之家喻户晓，统一思想认识。在改革初期的8个月内，江西省林改办和7个试点县（市）先后组织了近200场宣传林改的专题文艺演出。

其次，为了确保农民在改革中的参与权和决策权，充分体现绝大多数群众的意愿，江西省实行了“以村民小组为基本单元”的操作办法，把分不分山、怎么分山、分多少山等一切重大问题的决定权都统统交给群众，让村民大会或村民代表会议反复讨论、充分酝酿、民主决策。同时，要求村组必须做到“会议通知签收、召开会议签到、投票表决签名、通过方案签字”，防止事后“反弹”，并确保决策过程的公开、公平、公正。凡未经村民大会或村民代表会议 2/3 以上多数同意的改革方案一律推倒重来。针对目前林农无法直接进入市场的实际，各地普遍制定了木竹最低收购价，林农每生产 $1m^3$ 木材比林改前平均可多得 150 余元。对林改前流转的山林，要求购买方向原林权所有者补交一定数额的政策性让利款，由经营者和原林权所有者双方根据已流转山林的资源情况计算出让利额，其让利额的 3 成归经营者、7 成归林权单位或林农，双方协商、补签协议。据调查，全省农民对林权制度改革的满意率达 95% 以上。

与强制式变迁模式相比，诱导式变迁模式的投入较少来自财政投入和社会公众资源，但是制度变更需要更长的时间。将诱导式变迁模式作为强制式变迁模式的辅助使得后者的效率得以提高。诚然，所采用的诱导式变迁模式主要是激发作为权利主体的林农的积极性、参与决策的能动性，林农并不具有左右制度改革方向的能力。由此，林农只是制度框架之内的有限权利活动者。据调查，部分农户对于“三定”时期形成的集体林地分配办法存在很大意见，认为当时的分配不具有合理性，所形成的“一家独大”、“国乡联营”① 林地使用权属格局应被打破，然而根据“善史”的原则，农户的上述诉求却难以实现。

（三）改革阶段性成效

江西省开展集体林权制度改革已近四年，阶段性成效显著，在一定程度上理顺了林业生产关系，解放了林业生产力，调动了农民经营林业的积极性，实现了“农民得实惠，生态受保护”的目标。

1. 激活了生产要素

林权制度改革后，经营山林的利润空间明显加大，农民造林育林的积极性和社会投资林业的热情空前高涨，各种生产要素迅速向林业聚集，全省荒山年平均流转价格由改革前 255 元/hm^2 提高为逾 750 元/hm^2。实施改革后的三年内，江西省每年完成造林都在 $2.13 \times 10^5 hm^2$ 以上，其中 2007 年达到

---

① “一家独大”指在“三定”时期部分地区的农户对于经营林地持悲观预期，使得多数林地集中在少数农户手中。“国乡联营”指“三定”时期末期，国有林场与乡政府签署合作协议，由国有林场负责经营乡集体林地，并进行利益分成的营林模式。

$2.35\times10^5hm^2$，创近10年来的最高值，且社会造林比重达83.3%。德兴市2004年以来累计造林$1.21\times10^4hm^2$，相当于改革前10年造林面积的总和，其中造林$3.33hm^2$以上的农户有近千户。许多农民对林中空地也进行了补植，提高了林地利用率。崇义县总结推广了一套毛竹林、杉木林、松木林、天然次生林丰产高效技术规程，千方百计提高林地产出率。竹山亩产由过去二十余根毛竹增长为五六十根。

2. 为破解农户增收难题进行了有益探索

林权制度改革实现了“山定权、树定根、人定心”，为广大山区农民增收致富开辟了有效途径。通过减免税费、政策性让利和发展林业产业，加上改革拉动木竹价格上涨和林地林木升值，使得农民来自林业的收入大幅度增加。据江西省统计局调查，2006年全省农民人均林业纯收入达到490.7元，比上年增长32.5%，其中来自林业的现金收入增长36.6%。就36个山林资源丰富的重点林业县而言，农民人均来自林业的收入普遍增长了500元以上。2006年崇义县重点竹区的林农人均来自竹产业的纯收入达3200元，占当年农民人均纯收入的70%以上。2006年，全省实现林业产值483亿元，比上年增长25.9%①。

3. 促进了森林资源合理利用

分山到户后，农民对山林资源十分珍惜，看作是建在山上的“绿色银行”，是增殖潜力很大的“成长股”，是“未到期的高息存折”，保护的意识普遍增强，“看好自家山、管好自家林”、“把山当田耕、把树当菜种”成为农民的自觉行动，进行严格看管、精心经营、慎重砍伐，有的农民连挖一棵竹笋都得思来想去。为了达到既保护资源又增加收入的目的，很多农民不再把眼光仅仅盯在砍伐木竹上，而是千方百计发展林下产业。铜鼓县积极引导农民大力发展“五小园”（小竹园、小茶园、小果园、小药园、小养殖园），林业经济结构得到优化，实现生态和经济“双赢”的目标。林权制度改革后，全省森林案件发生数量连年下降，2006年森林火灾发生次数和受害面积分别比上年下降了63.4%和76.8%。

4. 促进了林区和农村社会和谐

山林权属纠纷是影响农村社会稳定的重要因素。在这次改革中，江西省各地充分发挥民间调解机制的作用，使得大部分的历史遗留纠纷问题得以调处，改变了过去纠纷不断、争斗不止的社会不和谐现象，形成互谅互让、和

① 江西省统计局，江西省林业产权制度改革与农民增收专题统计调查报告，2006，p5~15。

睦相处的社会风气。更重要的是，江西省的林权制度改革始终坚持把学法用法和政策宣传放在首位，充分尊重群众，保障农民的知情权、参与权、决策权和监督权，整个改革过程体现了民意，体现了民主。通过宣教林权制度及其改革的主要做法，以及林业法规，有力地推动了农村的民主法制建设，促进了村民自治水平的提高，促进了社会主义新农村建设和和谐社会建设。同时，广大基层干部在改革中倾心为老百姓服务，密切了管理部门与农户关系。

5. 加快了政府职能转变

在改革的过程中，江西省委、省政府要求各级党委政府和广大干部都必须真心实意为农民群众着想，始终把维护好、发展好农民群众利益放在第一位，作为处理改革中各种矛盾和问题的出发点和落脚点，各级组织都不得与民争利，从而使各级干部的服务意识得到增强。通过改革，各级政府及其相关部门的执政理念和服务方式发生了深刻变化，职责进一步廓清，履行职责的方法进一步优化，执法、管理、服务三大职能进一步加强。林业管理体制得到理顺，全省林业行政事业经费全部纳入了财政预算，彻底结束了林业部门长期靠规费供养的历史，各级林业部门开始把工作重点和履职方式转到加强管理和提供服务上来。

（四）改革面临的问题

江西省林权制度改革取得的阶段性成效显著，然而改革面临三个现实问题：其一，虽然“确权到户”，让农户拥有林地使用权和林木所有权，但在限额采伐制度的约束下，农户的林木收益权被虚置；其二，通过“确权到户”，生产单位迅速增多，生产规模快速变小，林业生产力水平不但难以提高，反而面临减小的威胁；其三，税费减免导致基层组织运行困难，新制度安排缺乏良好的运行环境。

1. 限额采伐制度约束下的林木收益权虚置

通过新一轮集体林权制度改革，将集体林地使用权和林木所有权分配给农户，并给农户发放了新的产权证，同时允许农户进行林地使用权流转和活立木所有权流转，但是农户自行生产原木仍受着严格的限额采伐制度约束。尽管江西省对限额采伐制度的实施环境予以了优化，尽量解决农户难以获得采伐指标的历史痼疾，但受着指标总量远小于成熟林总量，以及业已形成的采伐指标分配模式限制，农户实际上能获得的采伐指标数量远远少于可采资源数量。以铜鼓县而言，采伐指标到村，再进行平均分配，部分拥有近百亩林木的农户可获得的采伐指标仅为 $1m^3$。受着限额采伐制度的约束，农户尽管获得了林木所有权，但其收益权，或是将活立木生产成原木的收益权难以实现。由此，农户实际的生产积极性将难以提高，并将所获得的林木通过制度允许的流转方式转让出去，其本应获得的收益有所减少或大幅减少。“规范流转”的制度安排对于竹木经营给予了更为宽松的环境，由此限额采伐制度的约束有所改变，但是限额制度对于用材林的约束仍未得到根本改变。在本研究中，无意对如何改进限额采伐制度进行更深入的探析，但下文多处分析结果与限额采伐制度有着直接关联。

2. “确权到户”导致生产缺乏规模效益

林权制度改革中的“确权到户”、“分山到户”，促生了许多微观生产经营主体，林业生产中出现林权结构分散化、经营主体多元化、经营形式多样化的特征。随着成为林业生产经营主体的林农数量剧增，林业单位生产规模变小，林业生产要素呈分散态势，对林业生产力的提高构成负面影响。在林改前，林业主管部门面对的生产经营主体数量为数十或数百人，主要是具有一定生产规模的私营或股份制林场，主管部门拥有的技术和资金等生产要素资源分配范围较小，每个经营主体可获取既定的要素资源。林改之后，生产经营单位数量以数十或数百倍速度剧增，而原有的生产要素并没有得到同等速度扩张。与此同时，以农户为主的生产主体数量增加，林业生产活动的组织管理成本明显增加，技术服务获取成本也相应增加，进而导致微观生产主体获取技术要素的不便。林业生产活动以林地、林木为主要对象，具有显著的规模效益。对于既定面积的林地，随着生产主体数量的增加、单位生产规模的变小，规模效益将逐步丧失，其根源则在于要素的非集约使用。

3. 新制度安排缺乏良好运行环境

林业是农村经济发展的重要组成部分，林业发展与农村基层组织的有效运行紧密关联，基层组织面临的资金困难将制约林业发展。此次林权制度改革取消了县、乡（镇）、村所有林业生产经营收费项目，把利益最大限度地让给了林业生产经营者，使得乡（村、组）等基层组织财政收入锐减，导致乡（村、组）在改革后的正常运转受到很大影响。其中，重点林区的基层组织受其影响表现尤为突出。为了确保基层组织的正常运转，江西省在财力比较困难的情况下，安排巨额的省级财政转移支付资金，但未能弥补改革带来的资金缺口。基层组织难以有效运行，使得林权制度改革形成的新制度安排面临着不利的外部实施环境。基层组织难以有效运行将对农村经济发展构成负面影响，其中林业发展也将受到制约。对于现行林权制度改革而言，基层组织的难以有效运行将影响限额采伐制度实施环境的优化，以及资金等生产要素的配置问题。当前，省林业主管部门试图通过“前置审批、双线运行、两榜公示”优化限额采伐制度的实施环境，然而这些措施的有效实施都离不开基层组织给予的支持与配合。因此，林权制度改革导致的基层组织运行困难，将妨碍改革的顺利推进。

五、小　结

江西省大力推动集体林权制度改革有着相应的森林资源、林业产业、社会经济环境和历次林权制度变革形成的历史背景，因而具有迫切性。集体林权制度改革的目的在于：使得林业产权明晰，经营主体明确，生产经营责任落实，育、采等生产环节和流通环节税费得到减轻，经营机制灵活，流转顺畅及规范，激发林业发展动力。通过开展“明晰产权、减轻税费、放活经营、规范流转、综合配套”等改革活动，取得了良好的制度成效。此次林权制度改革沿用了强制性变迁模式，同时也兼顾了制度的诱导性。当前，在限额采伐制度的约束下，农户的林木收益权仍难得到实现；由于生产单位迅速增多，生产规模快速变小，林业生产力水平不但难以提高，反而面临降低的威胁；此外，新制度安排缺乏良好的运行环境。

此次集体林权制度改革与林地林木流转的内在逻辑关系可以概述为“两类需求，三层面作用，一个反作用”。“两类需求”一方面表现为，管理部门希望推动流转，促使林业生产要素汇集，集约化和规模化生产格局得以形成，推动林业生产力水平的提高；另一方面表现为，管理部门希望规范流转，确保农户在流转中的正当权益得以实现。“三层面作用”指林权制度改革对林地林木流转形成的制度、市场、主体等三层面的作用。制度层面主要包括相应法规的出台、管理办法的发布、税费制度的调整；市场层面包括信息平台、交易平台的建立，以及抵押市场的发育；主体层面表现为，通过此次改革，农户成为85%左右的集体林地林木权利主体，也成为最大的转出方主体。“一个反作用”表现为，流转开展的好坏影响到集体林权制度改革目标能否得到完好实现。

第四章
集体林地林木流转制度措施及流转现状分析

一、引　言

江西省新一轮集体林权制度改革对开展林地林木流转具有两方面现实要求，即提高林业生产力和保障农户正常权益。在“三定”时期，集体林地林木流转也有发生，但当时的林地林木流转，尤其是在涉及农户的流转活动中，农户被认为在交易过程中处于弱势地位，正当权益难以得到保障，而且流转为林权纠纷的产生埋下了伏笔。因此，针对林地林木流转活动，各项制度措施得以出台。其中，“规范流转”成为新一轮集体林权制度改革中的一项主要内容，而《江西省森林资源转让条例》等制度措施是约束机制发挥作用的手段。

除“规范流转”外，推动流转是制度改革中有关流转的另一项主要内容。为此，江西省通过网络等媒介搭建了信息平台，通过要素交易市场构建了交易平台，将部分采伐指标赋予林权交易市场，诱导流转主体参与场内流转，并联合金融部门推动了抵押市场的发育，形成了相应的激励机制。处于流转制度安排下的林地林木呈现出了新的态势。因此，从流转数量、类型和主体、形式和方式等视角出发，探析林地林木流转现状，将有助于进一步认识新制度安排的有效性和可持续性。

本章首先基于林地林木资源属性，分析了集体林地林木流转特殊性；其后，分析了相关流转制度措施，包括法规的颁布、管理办法的出台、流转平台的建立、流转程序的规范等内容；第三，分析了流转市场发展情况，包括流转交易模式和抵押市场发育情况；第四，从流转面积、宗数及金额、类型和主体、形式和方式、流转价格等方面分析流转现状；第五，基于流转现状，分析了流转发生率较低、流转价格攀升等特点；最后，总结了本章研究结论。

二、集体林地林木流转的属性

集体林地林木流转不仅与一般商品买卖存在很大差异，与耕地流转也存在较大差异，这不仅与林地林木具有的经济属性相关，也取决于林地林木自然属性和所处的制度环境。

集体林地林木资源既是经济资源，也是生态资源，所具有的自然属性和经济属性，可归结为以下几点：第一，稀缺性。该属性表现为，林地林木资源数量既定，林地林木供需受价格机制作用。第二，可替代性。随着现代技术的发展，林地林木资源具有的经济、生态和社会效益可以由其他自然资源或生态系统所替代。第三，可再生性。就林木而言，资源消耗后可再实现天然更新，人工干预下实现更新。就林地而言，将林地转变为其他类型土地，也可以通过相应技术手段予以恢复，但恢复成本应发生的转变类型不同，存在较大差异。第四，增殖性，即林地林木具有自然生长力，可以在少量或没有资本、劳动等其他要素投入的前提下，实现资源数量增长和价值增加。第五，正外部性，即林地林木的生态效益在实现过程中，权利主体没有获得相应经济收入。在制度安排方面，《中华人民共和国宪法》第十条规定，“农村和城市郊区的土地，除由法律规定属于国家所有的以外，属于集体所有；宅基地和自留地、自留山，也属于集体所有”。

由此，集体林地林木流转属性可概括为以下几个方面：第一，产权方面。集体林木流转通常涉及林木所有权，而集体林地流转并不涉及所有权，是使用权、经营权、收益权、处置权和转让权的让渡。第二，时间方面。林业生产周期较长，以南方集体林区杉树而言，从造林到成熟林时间长达25年左右，因此流转期限也通常较长。其中，活立木流转和竹林流转的相对较短。第三，主体方面。集体林权利主体拥有的单位林地林木规模较小，若单宗流转涉及的面积较大，那么流转涉及的主体数量也较多。第四，对象方面。由于集体林地类型多样，既包括有林地，也包括无林地，其中有林地上林木还可分为幼龄林、中幼龄、近熟林、成熟林和过熟林等不同类型，因此使得流转类型多样。鉴于集体林地林木流转具有多重属性，流转问题具有复杂性，成为比较具有学术价值的研究命题。

三、集体林地林木流转制度措施

通过颁布法规、出台管理办法、构建流转平台、规范流转程序等制度措施的运用，集体林地林木流转被置于处于较为完善的制度框架内。制度措施一方面发挥了规范作用，另一方面发挥了激励作用。

（一）《江西省森林资源转让条例》及其具体规定

江西省人大于2004年9月通过了《江西省森林资源转让条例》（以下简称《转让条例》），以规范林地林木转让行为，保障流转双方的合法权益，保护林地林木资源，促进林业可持续发展。《转让条例》与《中华人民共和国森林法》的相关规定一致，并对森林资源转让、流转范围、流转管理、流转费用等内容作了明确规定。

《转让条例》第四条规定“森林资源转让，是指森林资源所有权人或者使用权人将其可以依法转让的森林、林木的所有权或者使用权和林地的使用权，按照法定程序以有偿或者互换的方式转移给他人的行为。林地的所有权不得转让”。《转让条例》第十条对流转范围进一步规定为“下列森林、林木、林地使用权可以依法流转：（一）用材林、经济林、薪炭林的所有权和使用权；（二）用材林、经济林、薪炭林的林地使用权；（三）用材林、经济林、薪炭林的采伐迹地、火烧迹地的林地使用权；（四）国务院规定的其他森林、林木和其他林地使用权”。第十一条规定“山林权属存在争议或不明晰的”和“没有权属证书的”林地林木不得转让。

针对已实行承包经营的集体森林流转，《转让条例》第十三条规定“按《中华人民共和国农村土地承包法》的规定办理”；而针对未实行承包经营的森林资源流转，相关规定为“在报管理该森林资源的县级以上人民政府林业主管部门审核批准前，还应当经本集体经济组织成员的村民会议三分之二以上成员或者村民代表会议三分之二以上村民代表的同意”。

为确保不因流转而导致森林资源破坏，《转让条例》第十四条对各级林业主管部门所拥有的流转审核或审批权限进行了划分，规定“面积1000公顷以上的，由省人民政府林业主管部门审核或者审批”；第二十八条要求无林地受让方完成更新造林，并通过林业主管部门的造林质量验收和成林验收；第二十九条对避免森林资源流失作了进一步规定，要求“转让期限届满时，森林资源与郁闭成林的，其郁闭度不得低于0.6；未郁闭成林的新造林地，其造林合格率和成活率不得低于85%”。此外，《转让条例》规定了国有森林资源转让、森林资源资产评估、法律责任等事项。

《转让条例》第十六条、第十七条、第十八条、第十九条、第二十一条则共同规定了林地林木流转的程序；第二十条、第二十三对转让合同应包括的内容作了统一规定；第二十二条和第二十四条则规定了受让人的权利和义务。

（二）相关管理办法

为配合《转让条例》的实施，在江西省委、省政府发布《关于推进林业产权制度配套改革的意见》的基础上，各县（市）出台了相应的规章制度，以规范和推动本地区林地林木流转。从加强机构建设角度，铜鼓县发布了《铜鼓县林业产权制度改革办公室工作人员守则及专业小组工作职责》，其第五部分内容规定了流转组工作职责。为使已将林地林木转出的农户获得政策性让利，宜丰县出台了《宜丰县关于对林改前已流转山林政策性税费让利清收的指导性意见》，安福县出台了《安福县关于稳定处理国村联营有关问题的意见》。为推动流转平台的构建，遂川县出台了《遂川县林业要素市场组建实施方案》，明确了林权交易市场的机构设置及职能；以及《遂川县林业信息发布管理办法》（试行），明确了市场需求信息发布的内容、载体、程序；同时出台了《遂川县商品林活立木、林地转让管理办法》（试行），规定了许可参与流转的林地林木类型、流转程序等内容。《崇义县森林资源培育管理暂行办法》第二章“经营模式”和第三章“投资主体”部分，对于鼓励社会资本参与林业生产活动，鼓励林地林木流转，作了相应规定。《崇义县农村信用社森林资源资产抵押贷款办法》（试行）的颁布表明林地林木抵押贷款市场的发展得到了实质性的突破。

（三）流转平台的构建

根据江西省委、省政府《关于推进林业产权制度配套改革的意见》和《转让条例》具体要求，以林业行政部门为主导的流转交易平台得以建立。自2005年10月建立第一个流转市场——铜鼓县林业产权交易市场以来，截至2007年12月，江西省共建立了38个流转市场。其中，10个为2007年度建立。现有流转市场的名称不尽统一，有的为“林业产权交易中心（市场）”，有的叫作“要素交易市场”，但其功能基本相同。在下文中，若无具体的流转市场名称，统称为“林权交易市场”。现有流转市场的核心功能是为林地林木产权流转提供交易平台，兼具开展森林资源资产评估、木竹检量、提供林业科技与法律咨询服务等功能。后三个功能均有助于林地林木产权的规范化流转，并确保流转主体，尤其是作为转出方的农户的正当权益。各设区市林业产权交易中心建立情况见表4-1。

通过江西省林业厅政务网站流转信息公开专栏，各个林权交易市场的交易信息上网发布，从而构成一个全省统一的林地林木供需信息网络平台。每宗拟流转的林地林木信息，以及拟受让方的需求信息均可在网站公开发布，

表 4-1 2007 年 12 月底全省和设区市林业产权交易市场数量

县（市）	建设情况（个）	场所面积（m^2）	人员（人）
全省合计	38	21578	393
南昌市	1	120	5
景德镇市	1	420	15
萍乡市	1	400	16
九江市	7	3000	76
新余市	1	2000	10
鹰潭市	1	240	6
赣州市	7	4150	68
宜春市	4	3065	42
上饶市	1	460	14
吉安市	10	5173	102
抚州市	4	2550	39

数据来源：江西省集体林权制度改革管理办公室，2008 年 1 月调研获得。

以确保流转市场中的供求信息对称。拟通过招标、拍卖方式进行流转的宗地，林权交易市场组织受让方进行竞价交易。其中，遂川县林业要素市场更建立了一个多达 300 余人（包括木材商人、营林公司和森林企业）组成的需方队伍。每当有招标、拍卖活动时，要素交易市场工作人员通过短信方式邀请需方前来竞价。在林地林木流转交易过程中，为确保流转主体的正当权益，尤其是作为转出方的农户正当权益，林权交易市场对整个交易过程进行审核和监督，包括审核交易主体的资格和必备条件，监督交割结果执行情况。迄今，绝大部分的流转活动都在林权交易市场内进行。其中，村集体作为转出方所进行的林地林木租赁，被要求必须在林权交易市场内进行。

作为有形市场，林权交易市场的建设资金主要来自于市（县）财政、省财政，另有少数来自于中央林权制度改革专项资金。林权交易市场在财务管理上实行统收统支。对于每宗流转，全省林权交易市场收费项目基本相同，包括产权交易费、勘测费、档案查询费、产权证工本费等费用。就遂川县而言，产权交易费收取比例为成交金额的 2%，勘测费标准为 30 元/hm^2，档案查询费为 30 元/宗，工本费为 5 元/本，所收取费用与年度开销基本持平。

为促使尽量多的流转进入林权市场交易，提高市场运行效率，减少流转导致的林权纠纷等问题，林业主管部门将该地区部分采伐指标赋予林权交易市场。具体到市（县）而言，通常有 10% 的年度采伐指标赋予林权交易市场，用于进入市场的林木采伐需要。对于难以获得采伐指标的流转主体而言，进入林权交易市场办理流转，是确保自身流转利益得以实现的有利选择。

（四）场内流转程序的规定

根据《转让条例》具体要求，场内流转趋于程序化，有助于确保流转各方的切身利益，也有助于确保流转不造成森林资源破坏。通常，场内流转包括提出申请、接受申请、林权状况公示、调查评估、流转交易公告、组织交易、签订合同、产权交易、林权变更等九个环节。具体流转程序如图 4-1。

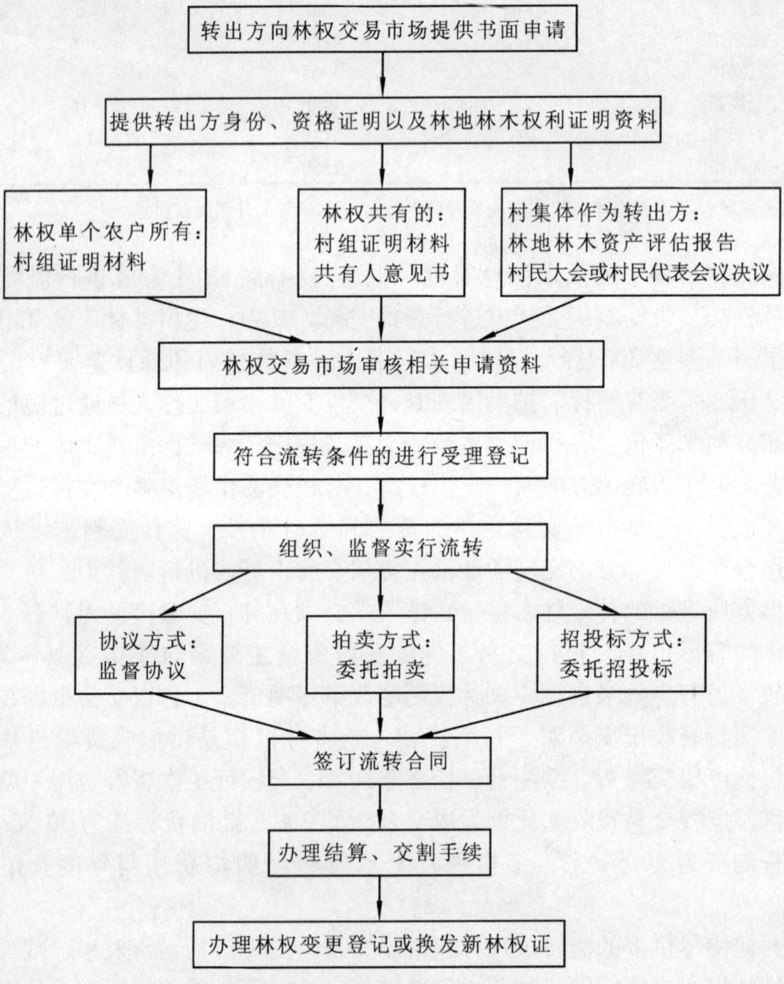

图 4-1　集体林地林木流转程序图

如图 4-1，若林地使用权和林木所有权主体转出林地林木，首先需向林权交易市场递交申请材料，包括身份、资格证明，以及拟流转林地林木权利证明（主要为此次林改中换发的新林权证）。之所以要求农户递交村委会同意流转证明，在于要求村委会履行初审的职能，减少农户非自愿性流转的发生。就村集体作为转出方的流转，原则要求必须进行林地林木资产评估，以避免集体资产流失。第二，对于符合条件的，林权交易市场接受申请，并在申请人所在地（具体到村一级），就林地林木资源、权利主体情况，进行为期一个月的张榜公示。对于存在异议的申请，暂不进入下一环节，而进行资源权属的进一步核实。对于公示期间无异议的，则办理流转登记。第三，组织、监督流转实施。就通过协议方式进行流转的，林权交易市场监督协议的签署，包括审核协议的合法性和有效性。对于通过拍卖和招标方式流转的，林权交易市场按照有关法律法规组织交易，包括通过江西日报等报刊媒体、林业厅政务网站流转信息专栏、要素交易市场大厅电子屏幕发布为时 7 个工作日以上的流转公告，对参拍人或投标人进行登记，并收取抵押金，聘请拍卖公司或投标公司主持拍卖或招标。第四，对于交易成功的，在市场的监督下签订合同，办理产权交割、林权变更手续。

通常，农户作为转出方，采取协议方式进行流转的，一个完整的流转可在 40 日左右完成；而采取拍卖、招标方式进行流转的，一个流转需 60 日左右时间。林权交易市场内流转活动多发生在春、冬季。其中，林木流转多在春季，即当年采伐指标下达、可确定全年木材生产计划的时候；而林地流转多在冬季，所转入的林地可直接在来年开展营林活动。

四、集体林地林木流转市场

在各项制度措施的共同作用下，集体林地林木流转市场呈现出两个典型特点：第一，场内流转和私下流转两种交易模式共同存在；第二，抵押贷款市场得到发育，但尚处于起步阶段。

（一）流转交易模式

基于针对农户和管理部门工作人员开展的实地调查统计结果，当前流转市场中，存在私下流转与场内流转两种模式。被调查的 29 名林业工作人员全部都认为依然存在私下流转，其中，21 名认为私下流转为少数，另 8 名认为私下流转很少。私下流转在县城边远地区还较为活跃，其流转量占该地区总流转量的 40% 左右。

场内流转的载体为政府组建的林地林木流转平台，即林权交易市场。参与场内流转，需面对更为严格的制度约束，具体包括流转主体资格审查、流转对象资源情况核实、流转协议和合同签署的监督、产权变更登记手续的办理。完成一宗场内流转通常需要2~3个月时间，流转主体需交纳一定数额的流转费用。单宗场内流转涉及的林地林木数量较多、金额较大，即由多个转出方作为一个主体参与流转，受让方具有相当规模的资金实力，多为营林公司、木材商人，农户作为受让方的较少。场内流转多采取拍卖、投标方式完成交易。现行制度措施要求村集体作为转出方的流转活动，必须进入林权交易市场，进行资产评估，选择场内流转模式，而对于农户则没有此项要求。管理部门将一定采伐指标赋予参与场内流转的林地林木，为吸纳流转主体参与场内流转建立了诱导机制。

与场内流转相比，私下流转采用协议方式完成交易，不进行林权变更登记，交易完成所需时间较短，在交易数量方面不存在限制。私下流转具体形式表现如下：其一，农户将林地林木直接转让给受让方，双方以口头协议为主，受让方多给本村农户；其二，农户通过将林地林木直接转让给受让方，双方签署书面协议。该流转多由受让方到农户处协商完成，受让方为营林单位或木材商人；其三，农户通过中间人将林地林木流转给受让方，双方签署书面协议。中间人扮演了经纪人角色，一般为农户村所在行政区域农户，受让方包括法人组织和木材商人。针对流转工作人员和农户的调查都表明，农户之所以选择私下流转的原因在于“私下流转较为方便”、“私下流转可以节省费用”、“林地林木数量少，在林权交易市场无法流转”。

两种流转交易模式的共存，一方面取决于流转制度措施实行时间较短，另一方面则体现了场内流转对于农户的不适应性。若农户仍选择私下流转，相关制度安排对农户权益的保障功能将难以实现，政府所组建流转平台的运行有效性将受到制约。

（二）林权抵押市场

林地林木、劳动力、资本、技术是林业生产所必需的生产要素，而资本要素一直为林业发展的瓶颈所在。林权抵押是林地林木权利主体将其拥有的林地林木交换价值流通于金融市场，获得不高于交换价值的信贷资金的金融服务，也是获取资本要素的有效途径。由于林地林木资源具有自然生产力，易受自然灾害威胁，林权抵押操作复杂，进展缓慢。国务院林业行政主管部门于2004年发布了《森林资源资产抵押登记办法》（试行），为林权抵押提供了法律依据，也为林权抵押市场的发育和形成提供了制度保障。

在江西省集体林权制度改革中，抵押贷款市场得到了发育，处于初步形成的过程中。当前的林权抵押贷款活动主要由三方组成，即农村金融机构（以农村信用社为主）、抵押贷款申请人（包括农户、私人林场等）、林权交易市场。主要做法是：农户向金融机构申请贷款，同时向林权交易市场提交同样申请材料；林权交易市场对拟抵押林地林木权属进行核实，组织资产评估并形成评估报告，提交给金融机构进行决策是否办理抵押、抵押金额和时间等事宜；当抵押申请获得金融机构初步同意后，农户以林权证作为质押，与林权交易市场签订林权证抵押协议；林权交易市场获抵押权后，向金融机构出具担保函，金融机构以此向申请人发放贷款。截至2007年底，全省共有44个县开展了林权抵押贷款工作，抵押宗地数为3378件，涉及林地面积$4.97\times10^4hm^2$，获得信贷资金4.81亿元，有力地促进了林业生产。

从管理部门在抵押贷款中的角色、抵押贷款主体等角度而言，林木抵押市场尚处于起步阶段，市场机制有待完善。诸如，申请抵押贷款的前提为参与了“场内流转”，而非“私下流转”，就此而言，抵押贷款涉及的主体数量有限，其中农户作为申请人的情况也较为有限；林权抵押的对象多为处于成熟期的活立木，抵押时间通常不超过1年。

五、集体林地林木流转现状

（一）流转数量

自2004~2007年底的林改期间，全省共流转林地面积$4.35\times10^4hm^2$，流转宗地数量为3598宗。其中，大部分林地和林木流转发生在2006年下半年和2007年度。全省11个设区市中，吉安市、宜春市、赣州市为流转最为活跃的地区，其流转面积总量占全省比重为78.39%，这三个市也是江西省森林资源最为丰富的地区。其中，宜春市林地和林木流转面积为$1.43\times10^4hm^2$，流转宗数为1994宗；吉安市发生流转面积$1.13\times10^4hm^2$，流转宗数为1121宗；赣州市流转林地和林木$8477hm^2$，涉及203宗。以流转面积而言，九江市、景德镇市、抚州市、上饶市依次尾随吉安市、宜春市、赣州市之后，占全省比重分别为8.67%、7.64%、3.79%和1.24%；萍乡市、鹰潭市林地和林木流转面积绝对值和相对值都较小，比重少于全省流转总面积的1%；南昌市和新余市没有流转发生。2004年至2007年底的林改期间，全省和设区市林地和林木流转数量详见表4-2。

从表4-2可以得出，林地和林木单宗流转面积的全省平均值为$12hm^2$，其中，有4个市低于全省平均值，7个市高于全省平均值。宜春市、吉安市为流转面积最大的2个市，但单宗平均流转面积分别为$10hm^2$、$7hm^2$，是除

表 4-2　2004 年至 2007 年间全省和设区市林地和林木流转数量及比例

县（市）	流转宗地（宗）	流转面积（hm^2）	流转金额（万元）	单宗流转（hm^2/宗）	单宗流转金额（万元/hm^2）	单位面积流转金额（万元/hm^2）
全省合计	3598	43525	111264	12	31	2.56
南昌市	0	0	0	–	–	–
景德镇市	18	3324	4720	185	262	1.42
萍乡市	3	40	180	13	60	4.50
九江市	197	3776	2668	19	14	0.71
新余市	0	0	0	–	–	–
鹰潭市	2	74	43	37	22	0.58
赣州市	203	8477	8876	42	44	1.05
吉安市	1121	11348	44391	10	40	3.91
宜春市	1994	14297	47622	7	24	3.33
抚州市	36	1650	1934	46	54	1.17
上饶市	24	539	831	22	35	1.54

数据来源：江西省集体林权制度改革管理办公室，2008 年 1 月调研获得。

南昌市、新余市之外最小的 2 个市。景德镇市单宗平均流转面积高达 185hm^2，为全省平均水平的 15.4 倍，结合较小的流转面积绝对值和流转宗数，可得该市所发生的流转多为大规模流转。抚州、赣州、鹰潭等 3 市单宗平均流转面积分别为 46hm^2、42hm^2 和 37hm^2，分别为全省平均水平的 3.8 倍、3.5 倍和 3.1 倍。

上述期间，全省发生流转金额为 11.12 亿元；在 11 个设区市中，宜春、吉安 2 市分居全省第一、第二，流转金额分别为 4.76 亿元和 4.44 亿元，2 市流转总金额占全省总量的 82.69%；赣州、景德镇、抚州 3 市流转金额在 1000 万至 1 亿元间，上饶、萍乡 2 市流转金额分别为 831 万元和 180 万元，鹰潭市流转金额仅为 43 万元，而南昌市和新余市无流转金额发生。具体到单位流转金额，全省单宗流转平均金额为 31 万元/宗，单位面积流转平均金额为 2.56 万元/hm^2；其中，单宗流转平均值最高的设区市为景德镇市，平均值高达 262 万元/宗；而单位面积流转平均值最高的设区市则为萍乡市，平均值为 4.5 万元/hm^2。

值得一提的是，上述流转数量系由林业主管部门统计的场内流转发生数量，并未统计私下流转发生数量。就在江西省遂川县、铜鼓县、黎川县等地区所开展的实地调查表明，私下流转仍有发生。

（二）流转类型和主体

集体林地、林木流转包括林地和林木产权变更及产权主体更迭。具体到当前的林业生产实践，林地和林木流转主要包括林地使用权和林木所有权的流转，以及由此伴生的经营权、收益权、处置权、抵押权的转移。根据流转主体、流转发生时间的差异，流转可分为以下三种类型，如图 4-2。

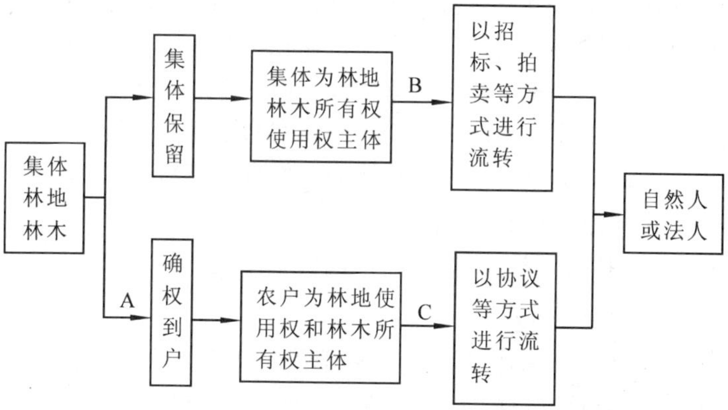

图 4-2　集体林地林木流转类型

（A 对应第一种类型，B 对应第二种类型，C 对应第三种类型）

（1）在“明晰产权”过程中，将集体林地以“均地”等方式“确权到户”，完成林地使用权和林木所有权由村集体向农户让渡，多采取特定制度下的强制性分配方式。“确权到户”可理解为，将原本属于农户的林地林木权属归还于农户，农户获得特定时期内被剥夺的正当权益。在江西省“确权”实践中，农户无需为获得林地使用权支付费用。该省参与“确权到户”的林地数量达全省集体林数量的 85% 左右，农户成为拥有集体林地使用权的最大主体。此种形式的流转，其基本原则为保证公平、公正性，对于流转效率没有给予充分考虑，市场机制的作用基本不存在。此类流转中，转出方为村集体，受让方为本村农户。

（2）对于未纳入“确权到户”的林地林木，由村集体作为转出方，将林地使用权和林木所有权过渡到自然人和法人组织。由于历史等客观原因，诸如已建立乡村联营林场，坚持现有林权关系，完善利益分配机制，较“确权到户”的相关成本更低，因而全省约有 15% 的集体林地未纳入“确权到户”，林地使用权和林木所有权归属村集体所有。为提高该部分资源经营效率，增加经营收益，村集体作为流转的转出方，按照《流转条例》有关规定，并经村民会议或者村代表会议决议通过，可对林地使用权和林木所有权予以流转。与上述流转类型相比，转出方均为村集体，但受让方更多。作为受让方的自然人，既可是本村农户，也可是其他村农户；作为受让方的法人组织，通常有国有林场、非国有营林公司、林木贸易公司等。

（3）已获得林地使用权和林木所有权的农户将其权属部分或全部让渡给其他自然人或法人单位。随着大部分林地使用权和林木所有权赋予农户，农户在林地林木流转中，尤其是转出中，拥有绝对的主体地位。通过上述第一种类型的流转，农户成为生产经营主体，但生产规模通常较小，不符合林业生产的规模效益属性，因而进一步的流转有利于盘活林地林木资源，提高林业生产力。在此类型流转中，农户作为转出方，其转出的林地使用权和林木所有权因转出期限、转出程度等方式的差异，产生了多种形式的流转。与第二类型的流转相比，差异在于农户替代村集体成为林地林木转出方。

（三）流转形式和方式

当前，集体林地林木流转出现多种形式，可分为林地使用权的单独流转、林木所有权的单独流转、林地使用权和林木所有权的共同流转。基于流转期限的差异，流转形式可进一步分为长期流转和短期流转。基于流转对象的差异，流转形式可分为乔木及林地流转和竹木及林地流转。基于是否保留流转后林地的收益权，流转形式可分为完全流转和不完全流转。多样化的流转形式促生了多样化的流转方式，详见表 4-3。

表 4-3 流转形式与方式分类

类别	流转内容	流转形式	方式
Ⅰ	无林地使用权单独长期流转，不保留流转后林地收益权	转让	拍卖、招标、协议
	林地使用权和林木所有权长期流转，不保留流转后林地林木收益权	转让	拍卖、招标、协议
Ⅱ	无林地使用权单独长期流转，保留流转后林地收益权	股份合作	协议
	林地使用权和林木所有权长期流转，保留流转后林地林木收益权	股份合作	协议
Ⅲ	林地使用权和林木所有权短期流转，保留流转后林地林木收益权	转让	拍卖、招标、协议

（1）林地使用权单独长期流转，以及林地使用权和林木所有权的共同长期流转，转出方不保留流转后林地的收益权，流转主要采取转让形式。其中，受让方包括自然人或法人组织，转出方包括农户、村集体，受让方需向转出方支付一定租金，并签订转让合同，获得转出方林地使用权，或林地使用权和林木所有权，成为新的权利主体。林地使用权单独长期流转主要为无

林地流转，而林地使用权和林木所有权的共同长期流转则为拥有一定蓄积量的有林地流转。针对生产用材林的林地，流转期限介于15~50年，其中15年的界定参照了乔木轮伐期，50年的界定则基于农户在“确权”中赋予的林地使用权期限；针对竹林，流转期限为5~20年。租赁、转让协议的达成采用拍卖、招标、协议等具体方式。双方签订的转让合同中具体规定了租金数量、租金支付方式、转让期间以及期满后林地上存留林木的处置方式。就有林地的流转，受让方同时获得林地使用权和林木使用权，以及与上述两项权能伴生的处置权、收益权、抵押权。

（2）林地使用权单独长期流转，以及林地使用权和林木所有权的共同长期流转，转出方保留流转后林地的收益权，流转主要采取股份合作形式。转出方多为农户，而转出方多为具有技术、资金优势的营林公司等法人单位。此类形式涉及的林地既包括无林地，也包括有林地。转出方保留林地的收益权，即农户在林地流转协议有效期间，可获得林地经营收益。流转发生后，受让方获得林地使用权和经营权，并依据流转协议，将营林收入依据两者间合作协议进行分配。通常，作为转出方的农户不参与生产经营活动。在“三定”期间，此类形式已存在，当时主要形式为国户联营林场，即国有营林公司以技术和资金入股，农户以具有使用权的林地入股，两者进行股份合作。2007年，铜鼓县温泉镇新开村村民拿出306hm^2有林地作价51%股份，一公司投资2000万元现金作价49%股份，成立联营林场，进行统一经营，即为此种形式的流转。流转方式以协议为主，但需经林业主管部门审批或审核。

（3）林地使用权和林木所有权的短期流转，主要采取转让形式，转让通过招标、拍卖、协议等方式完成。此类流转主要针对活立木流转，产生于林木生产限额制度和规模化生产的内在要求。短期流转时期为1~2年，主要内容为林木、竹木采运活动，指向为成熟林。流转发生的条件为作为转出方的农户，在主观上认为自身难以获得采伐指标，或是自行进行采伐生产的成本较专业公司的高，从而将活立木转出。受让方通常为木材商人或专业采伐公司，其转入的先决条件是获得了全部或部分采伐指标，且进行采运生产和销售原木可获得收益。其中，流转时期为1年的表明受让方获得了足额的采伐额度，2年的则表明受让方只获得了部分采伐指标，其在第二个生产年度还需争取采伐指标。对于转出方而言，选择短期流转，让渡了林地和林木的收益权、处置权、转让权和抵押权，但可以规避生产风险。

（四）流转价格

林权交易市场由管理部门组建和负责运行，但林地林木流转价格主要由流转主体磋商、受让方参与竞标和拍卖达成。林地林木流转价格体系包括有林地和无林地价格，其中有林地价格分为乔木林和竹木林价格，而无林地价格主要指宜林荒山流转价格。

据江西省统计局发布的数据，2005 年和 2006 年全省杉木林年平均流转价格分别为 1.06 万元/hm^2、1.56 万元/hm^2，松木林平均流转价格为 7586.85 元/hm^2、1.1 万元/hm^2。其中，依据林龄长短，将杉木林和松木林流转价格分为 5 个计价等级，即 5 岁龄及以下幼龄林、6~10 岁龄的幼龄林和中幼林、11~15 岁龄的中幼林和近熟林、16~20 岁龄的近熟林和成熟林、20 岁龄以上的成熟林和过熟林。不同等级有林地流转价格差别较大。在 2006 年，20 岁龄以上的杉木林流转价格为 2.68 万元/hm^2，而 5 岁龄及以下的杉木林流转价格仅为 6139.8 元/hm^2，前者为后者的 4.46 倍。不同林龄乔木林流转价格详见表 4-4。

2005 年、2006 年全省毛竹林年平均租赁价格分别为 384 元/hm^2、847.5 元/hm^2，10 年期租赁价格分别为 3360 元/hm^2 和 7290 元/hm^2；上述两年度宜林荒山年平均租赁价格为 207 元/hm^2、279 元/hm^2，30 年期流转价格则分别为 5175 元/hm^2 和 7560 元/hm^2。其中，就农户有林地和无林地流转，林业主管部门分别设置了指导流转价格，要求流转不得低于指导价格，然而随着林改的推进，流转价格的攀升，指导价格失去了其保障农户正当权益的预期作用。

表 4-4 江西省不同林龄乔木林 30 年流转价格 单位：元/ hm^2

林龄	杉木林流转价格		松木林流转价格	
	2005 年	2006 年	2005 年	2006 年
平均值	10605.3	15629.7	7586.85	11046.3
5 年及以下	4270.5	6139.8	3909.3	4760.25
6~10 年	6627.75	9313.8	4838.7	7471.2
11~15 年	9805.8	14418.9	7187.7	10713.3
16~20 年	13490.55	20611.35	9377.7	14701.2
20 年以上	17893.65	26767.8	11854.5	17450.4

数据来源：江西省统计局编．江西省林业产权制度改革与农民增收．2006 年 8 月，p25~26。

六、集体林地林木流转特点

就江西省当前开展的林地林木流转，已呈现出以下几个明显特点：流转发生率较低；不同区域流转呈现显著差异；单宗流转涉及较多转出方；流转价格逐步提高。

（一）流转发生率较低

流转发生率被定义为参与流转的林地林木数量与林地林木资源总量的比值。在此界定集体林流转面积与全省（市、县）林地面积的比值为流转发生率1，流转面积与集体林地面积为流转发生率2。从表4-5可以看出，全省的流转发生率较低，流转发生率1值仅为0.41%，流转发生率2值仅为0.64%。而据有关研究，2004年，江西省农村土地流转面积达2.13×10^5 hm^2，占农村土地面积的10.1%；其中，农户家庭承包经营耕地的流转发生率达到7.04%。2004年至今，农村土地流转发生率持续提高（刘克春，2006）。因而与农地流转相比，尤其是与耕地流转相比，江西省集体林地林木流转尚不活跃。详见表4-5。

表4-5 2004~2007年间全省和设区市林地林木流转发生率

类项	流转面积（hm^2）	林地面积（hm^2）	集体所有林地面积（hm^2）	流转发生率1（%）	流转发生率2（%）
全省合计	43525	10626466	6808424.3	0.41	0.64
南昌市	0	740132	126908.3	0	0
景德镇市	3324	524790	291465.7	0.63	1.14
萍乡市	40	382699	136509.7	0.01	0.03
九江市	3776	1882324	869999.2	0.20	0.43
新余市	0	316367	143553.0	0	0
鹰潭市	74	355425	156387.7	0.02	0.05
赣州市	8477	3937964	1430162.9	0.22	0.59
吉安市	11348	2527107	1197793.0	0.45	0.95
宜春市	14297	1867057	696490.8	0.77	2.05
抚州市	1650	1881692	898157.5	0.09	0.18
上饶市	539	2279098	885864.3	0.02	0.06

数据来源：江西省集体林权制度改革管理办公室，2008年1月调研获得。

全省11个设区市的林地林木流转发生率均较低。南昌等7个设区市的流转发生率低于全省平均水平，集体林地绝对数量相对较少是这些设区市的一个共性特点。具体而言，南昌市、新余市无流转发生，鹰潭、上饶、萍乡等3市的流转发生率近乎为零。高于全省平均水平的为宜春、景德镇、赣州4个市，这4个市可被认为是全省林地林木流转相对活跃的区域，流转的绝对数量也位居全省首列。流转发生率最高的是宜春市，分别为0.77%和2.05%；其次为景德镇市，分别为0.63%和1.14%；再次为吉安市和赣州市。

（二）不同区域流转差异显著

全省 11 个设区市林地林木流转面积、金额无论是在绝对值和相对值上都存在一定差异，不同区域林地林木流转呈现不均衡态势。在流转宗地数量相对较少的萍乡市、景德镇市，其单宗流转金额位居前列，其中萍乡市的单位面积平均流转金额居全省首位。而流转宗地和面积数量均居前两位的宜春和吉安两市，单宗面积平均流转金额相差较小，但单宗流转金额相差较大。以流转发生率而言，流转最为活跃的宜春市流转相对值为流转发生率低的萍乡市的 70 倍左右。从地域上而言，处于江西省西南部和南部地区的设区市，林地林木流转较为活跃；而处于北部和中部的设区市，林地林木流转较不活跃。以林改进程而言，拥有林改试点县的宜春、景德镇、吉安和赣州 4 市是流转较为活跃地区，没有林改试点县的南昌、新余、鹰潭和萍乡 4 市则是林地流转不活跃的地区，但拥有林改试点县的抚州市、九江市、上饶市却不是林地流转活跃地区。

具体到县来看，县域流转情况同样呈现较大差异。2006 年和 2007 年内，铜鼓县流转面积和涉及金额都位居全省首位；发生流转面积占全省流转总面积的 30.33%；流转涉及金额占全省总金额的 40.44%。就已建立林权交易市场的 38 个县（市）而言，其发生流转的林地林木面积为 4.24×10^4 hm^2，占全省总流转面积的 97.39%；流转涉及金额合计为 10.73 亿元，占全省总金额的 96.48%。其中，流转面积位居全省前 10 位的县（市）流转面积合计占全省总面积的 83.18%。

（三）单宗流转涉及的转出方多

在林改过程中，全省发放林地使用权证 312.2 万本（户），涉及宗地 756.7 万宗，面积 9.02hm^2，单宗林地面积仅为 1.19hm^2，而单本（户）林地面积仅为 2.89hm^2。全省的单宗林地平均流转面积为 12hm^2，其中，宜春市为 7hm^2，位居 11 个设区市之末，位居首位的为景德镇市，该值达到 185hm^2。以全省平均水平而言，单宗流转将涉及 10 块左右宗地和 4 户转出方；以宜春市而言，单宗流转将涉及约 6 块宗地和 3 户转出方；以景德镇市而言，单宗流转将涉及的宗地数多达 155 块，而涉及的转出方则多达 64 户。就流转相对活跃的赣州市而言，其单宗平均流转面积为 42hm^2，涉及 35 块宗地和 14 户转出方。总体而言，流转涉及的宗地和转出方众多，与“确权到户”后的林地林木产权权利主体数量众多具有一致性。

“单宗面积涉及转出方多”表明，单位农户拥有的林地林木数量较少，不适宜直接参与市场流转，因而在进入场内流转前，需由某一方对拟转出林地林木进行组合。就场内流转而言，既可能是农户，也可能是林权交易市场，承担了组合工作。但无论谁承担此项工作，都具有相应的流转费用发生。若组合工作对应的成本过高，那么流转将难以被顺利推动，这也体现了集体林权制度改革中“确权到户”等相关制度措施对流转的影响。

（四）流转价格的上升

此次林权制度改革中，林地林木流转价格较以往有大幅提高。究其原因，在于在“减轻税费、放活经营”，充分调动了林农及社会力量从事林业生产经营活动的积极性，尤其是投资林业的社会资金大幅增加。参与流转的有林地包括乔木林、竹木林，其中乔木林主要包括杉木林和松木林，参与流转的无林地以宜林荒山为主。通过选择林改启动年份 2004 年为对比年，以 2005 年和 2006 为林改后比较年份，可得各种林地林木价格均大幅上升。

以 2004 年不变价格计①，2005 年和 2006 年全省杉木林平均流转价格为 1.04 万元/hm^2、1.51 万元/hm^2，分别较 2004 年实际增长 40.39%、104.49%；上述两个年度，松木林平均流转价格较 2004 年分别上涨 2439.9 元/hm^2、5753.4 元/hm^2，上涨幅度为 47.86% 和 112.78%；2005 年毛竹林年平均流转价格上涨率 82.76%，2006 年上涨幅度为 303.95%；2005 年和 2006 年宜林荒山年租赁价格上涨 160.06% 和 249.39%。如图 4-3。

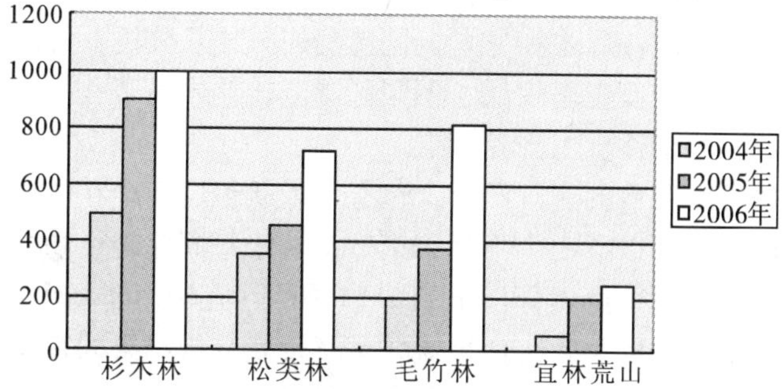

图 4-3　林改前后林地林木流转价格上升幅度图

注：为保证图示效果，其中杉木林、松类林流转价格单位为 15 元/hm^2，毛竹林和宜林荒山流转价格单位为元/hm^2。

---

① 据国家统计局发布《2007 年国民经济和社会发展统计公报》，2005 年通货膨胀率为 1.8%，2006 年通胀率为 1.5%。

选择2004年和2006年作比较，可以得出林改前后林地林木流转价格大幅上升，其中，毛竹林增长幅度增大，其次为宜林荒山，位居最后两位的为杉木林和松木林，但其增长幅度均超过100%。

通过调查发现，流转价格大幅攀升的根本原因可归结为个方面：第一，由于政策性让利，从事林业生产经营活动的利润空间有所增加，流转市场中的需求较以前更为旺盛，推动流转价格上涨；第二，市场机制得以完善，即在林权交易市场中，有足够的市场主体参与流转，尤其是需求方数量大幅增加，并通过竞价机制参与交易，使得价格得以提高。值得注意的是，随着原木（竹）价格的大幅上升，不仅使得社会资本从事林业生产的积极性有所提高，还使得农户更愿意从事林业生产活动，从得推动需求方数量的增加。

七、小　结

本章的结论可以简要概括为：由于林地林木自然和经济属性的多重性，以及流转受制度环境影响较大，集体林地林木流转的属性具有独特性。通过《江西省森林资源转让条例》的实行，管理办法的出台，林权交易市场的组建和林地林木流转程序的规范，江西省集体林地林木流转在较为全面的制度措施作用下，林地林木流转趋于规范化和有序化。当前，场内流转和私下流转共同存在，抵押市场得到发育，构成了流转市场现状。基于对流转数量、流转类型和主体、流转形式和方式、流转价格等现状分析，可以得出当前林地林木流转具有流转发生率较低、不同区域流转差异显著、单宗流转涉及的转出方多、流转价格逐步上升等特点。

由于数据难以获得的客观原因，也有个人认识层面存在的局限性等主观因素，本章研究存在以下三个不足：第一，对于不同流转市场模式的相关交易成本分析不足。文中虽然分析了农户选择私下流转而非场内流转的原因，但对于交易成本分析的欠缺，使得流转市场现状分析结果的客观性和说服力有所不足。第二，对于此次集体林权制度改革前的林地林木流转缺乏分析。此次林权制度改革采取了尊重历史的做法，即对林改前已发生的流转，在补充产权变更登记等基础上，予以认同，林改前的流转情况对于流转现状的形成存在必然关系。由于此方面分析的不足，本研究未能进一步解释区域流转差异的成因。第三，对于私下流转的数量分析不足。有关流转发生率的分析，主要基于场内流转数据，对于全面说明全省流转情况存在一定的片面性。上述研究的不足，有待于今后的研究工作中予以补充和完善，也希望有更多学者关注林地林木流转问题。

综上，本章对于江西省集体林地林木流转制度措施和流转现状做了一个较为全面的分析，基于此，本研究将农户流转收益、转出方和受让方行为、政策规制、流转制度完善建议作为进一步研究的命题。其中，对于流转现状、农户流转收益、流转主体行为的研究将为政策规制的研究提供分析依据。完善的流转制度建议将在政策规制分析的基础上提出。

第五章
农户林地林木流转收益分析

一、引　言

实现“农户增收”是破解“三农”问题的核心问题。新一轮集体林权制度改革被认为对“三农”问题的解决具有积极作用。诸如，江西省通过“明晰产权，减轻税费，规范流转，放活经营”，提高了农户的林业生产经营自主权，并使得全省林农林业收益不断增长（严成，2005）。据江西省统计局调查数据，2005 年全省人均林业收入增幅为 41.03%；2004～2006 年间累计新增从事林农业人数达 42.01%（江西省统计局，2006）。

农户林地林木收益有两种实现方式：其一，将林地林木作为资产性资源，转让给其他自然人或法人，获得流转收益。其二，将林地林木作为生产性资料，自行经营并生产销售原木，以获得经营收益。农户林业增收的部分来源于流转收益的获取，或者经营收益的增加。流转收益多为一次性收益，由间伐收入和主伐收入组成的经营收益更具有可持续性。农户可以自由选择保留林地自行经营或者把一定时间内的经营获益权转让给他人。从理论上讲，流转收益低于流转合同期内自行经营的收益时，农户会选择保留林地自行经营；如果农户选择转让林地的经营获益权，则证明流转收益高于流转合同期内自行经营的收益。但是，农户的选择受很多因素的影响，实际流转收益有可能低于流转合同期内自行经营的收益。比如说，农户急需资金但又没有获得贷款的途径，或者因为信息缺乏过低估计了林业生产经营的收益，这些情况下都会导致农户接受过低的流转收益出让林地经营权。同时，我们也不能排除因为体制、政策等方面的因素（如对流转渠道的限制、流转市场管理、采伐指标的分配机制等）导致现行流转价格不合理的可能性。

本章将林地林木流转分为林地流转和活立木流转，直接将经营收益与流转收益进行比较，或基于经营收益推算出理论流转收益，与实际流转收益进行比较，以客观反映农户所获得的流转收益的合理性。林地和活立木流转的差异性体现为：转入无林地生产原木，将发生造林费、管理费、看护费、采运费；而针对处于成熟龄时期的活立木生产原木，发生的费用仅为采运费；林地流转价格与活立木流转价格在数量和内涵上都存在较大区别。本章的研究内容为：第一，概述了林地林木流转理论；第二，基于不同价格对应着不同的权利变更，归纳了当前的林地林木流转价格体系；第三，基于 Faustmann 林价公式，运用林木销售价法，分别构建了林地和活立木流转收益简单分析模型，并得出了流转收益合理性分析结论。

二、林地林木流转价格理论

林地林木流转价格属于交易价格，指林地林木在市场交易中成交的买卖价格，是林地林木流转市场的核心内容，也可用作农户流转收益的度量尺度。

（一）林地价格理论

林地指由一定数量的光、热、水、土壤组成的林业用土地，是作为自然物的林地"土地物质"。林地价格理论可追根溯源到土地价格理论。西方经济学中的土地价格理论可大致分成三类：第一，马克思地租理论。该理论认为土地价格是地租的资本化，计算公式可表示为：土地价格 = 地租/还原利率。第二，土地收益理论。该理论认为土地价格是土地经济地租的资本化。其中，经济地租是土地总收益扣除总成本的余额。第三，土地供求理论。该理论认为，土地与其他商品一样，其价格取决于本身的供给和需求。土地供给增加，需求不变，则地价下降；土地供给减少，需求不变或增加，则地价下跌（高岚，2006）。随着土地价格理论的发展，各种林地价格理论得以形成。林地价格数量化计算方法始于 1788 年，奥地利税务局的一位职员从税收角度，提出的"奥地利官方评价法"。1849 年，Faustmann 发表的《On the Determination of the Value Which Forest Land and Immature Stands Possess for Forestry》论文，基于土地期望价值最大化，提出了森林最优轮伐期理论，奠定了林价理论基础。本研究选择土地收益理论，作为林地流转价格分析理论基础，将林地价格界定为林地经济地租的资本化；并基于 Faustmann 公式①，将营林总收益扣除总成本，得出林地理论价格。

①Faustmann 无林地林价公式为：$P=\left[\frac{E}{(1+r)^t}+\sum_{a=1}^{t-1}\frac{D(a)}{(1+r)^a}-C\right]\times\frac{(1+r)^t}{(1+r)^t-1}-\frac{AA}{r}$；其中，$P$ 为无林地价格，E 为主伐纯收入，$D(a)$ 为第 a 年的间伐纯收入，r 为折现率，C 为造林成本，AA 为年度管护成本。

（二）林木价格理论

本研究中的林木主要为活立木。由于当前生产经营领域中的活立木多为人工林，在此以人工林为例分析林木价格理论。

作为一种特殊形式的商品，人工林的价值形成同一般商品一样，是在商品的生产过程中由劳动创造的。林木生产过程，首先为物化劳动过程，所消耗的生产资料包括林木生长必需的土地、播种和防火设备等固定资产、杀虫剂等生产资料。土地、固定资产和生产资料的价值在生产林木资源的过程中逐渐转移到新产品中去，形成转移价值，可用符号 C 表示。林业生产过程也需活劳动的消耗，包括培育林木资源过程中所花费的体力和脑力劳动，造林规划设计、选种育苗到抚育管理等一系列连续的生产过程中投入人力资源等。活劳动消耗构成林木的新创造价格，其一为林业劳动者在林木生产过程中为自己创造的价值，表现为劳动者得到的报酬；其二为林业劳动者为社会创造的价值，表现为利润和税金。以上两部分分别用符号 V 和 M 表示。因此，人工林与一般商品一样都凝结了一般的、无差别的人类劳动，其价值为 $W=C+V+M$，其经济实质可以归结为生产林木的人类抽象劳动的凝结。人工林价格涵盖生产成本、税费和利润。人工林生产成本是其价格的最低界限，也是影响其价格的主要因素。生产成本一般包括造林费、经营费、管理费、资金使用利息等四个部分。

由此，活立木价格计算方法可归为两类：第一，正算法，按照立木价格的形成过程和林价构成因素，以培育立木的劳动消耗为主要依据正向计算出林价。第二，逆算法，以林木预期收益为主要依据到算出立木价格——林价（邱俊齐，2007）。在市场经济体制下，林业与其他行业一样，产品价格受市场供给和需求情况的影响。与此相应，森林经营的利润可高可低，甚至会出现亏损。受森林资源状况、经济形势以及一系列相关政策的影响，木材的市场供给和需求随时间变化，难以确定一个合理的林业盈利水平，使得正算法的实际应用存在较大的困难，因此本研究采用了逆算法中的林木销售价法①。

（三）林地林木价格与流转价格的异同

林地林木流转为原权益主体将林地使用权和林木所有权转让给其他自然人或法人组织，流转价格为权益变更获得的货币化收益。原权益主体以某价

① 活立木价格公式为：$T=f(J-K-R-Q)$；其中，T 为林价，f 为出材率，J 为木材价格，K 为木材采运成本，R 为税金，Q 为木材采运利润。

格水平将活立木转让给其他自然人或法人组织，该价格既是活立木价格，也是活立木流转价格。换而言之，在林地林木发生初次流转时，价格与流转价格具有一致性，流转价格是价格在流转过程中的表现形式。然而，获得林地使用权和林木所有权的自然人和法人组织将林地林木进行再次流转，形成流转价格，该价格与林地林木价格却不尽相同。在再次流转中，第二个流转价格不仅包括林地林木价格，而且包括转出方的利润，第二个流转价格高于第一个流转价格，即林地林木价格。通常，随着再次流转中的利润值越高，第二个流转价格与第一个流转价格的差值越大。在本章中，主要关注了为第一次流转及第一个流转价格，即考虑了生产成本、税费和利润的林地林木价格。

三、林地林木流转价格体系

林地林木流转因流转对象、流转时期、流转权利的不同，转出方和受让方之间发生的产权变更存在差异，因而在流转市场中，出现多种不同的流转价格。基于对流转价格体系的分析，有助于分析在不同权利变更的流转中，农户获得的差异性流转收益。本研究归纳的林地林木流转价格体系如图 5-1 所示。

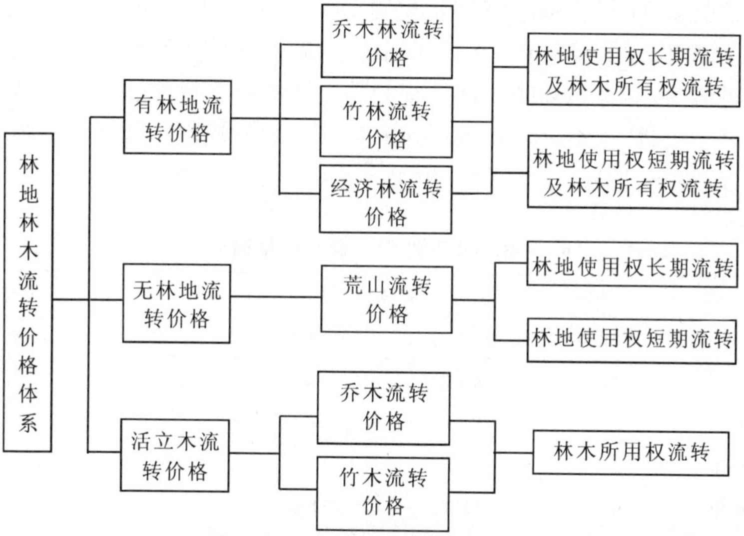

图 5-1　林地林木流转价格体系

林地流转价格体系大致可分为林地流转价格和无林地流转价格两个体

系，具体涉及不同的流转对象、流转时期、流转权利等内容。现行体系中，流转的均为林地的使用权及伴生的其他权利，如有林地的流转主要涵盖林木所有权和林地使用权。此外，有林地的流转还涉及与其相关的林下产品处置权、收益权的流转。无林地流转价格体现的是有关林地使用权的交换价值，是林地与货币或者等值实物的交换价值。国内有学者归纳的流转价格体系中包括林地租赁价格，但租赁实际上就是短期转让林地使用权，与长期转让的差异仅体现在流转期限方面，因此本研究中没有将租赁价纳入流转价格体系。

活立木流转价格一度被纳入有林地流转价格研究范畴，即活立木流转被认为伴生于有林地流转。当前，参与流转的活立木主要是成熟林或过熟林，流转期限多为 1 ~ 2 年，流转对象是成熟林木所有权和收益权。在林地流转中，转入的林地被作为生产要素，而在活立木流转中，所涉及的林地使用权只是作为转入的活立木收益权得以实现的载体。由此，活立木流转已从有林地流转中独立出来。活立木流转价格即获得既定活立木所有权和收益权的货币支出。还可分为裸价和实价，裸价为不包括需缴纳的育林基金、检尺费、作业设计费等林业规费的林木价格，而实价则包括上述林业规费。从活立木到原木，还有采运费发生，活立木流转价格要低于原木市场销售价格。

据《遂川县集体林业产权制度改革成效专题调研资料》，依据林龄组的划分，该县 2006 年度林地流转价格可分为五个等级，即 5 年以下、6 ~ 10 年、11 ~ 15 年、16 ~ 20 年、20 年以上。随着林龄的逐渐增大，价格相应增加。详见表 5-1。考虑到阔叶林具有为野生动物提供食物、栖息地等生态功能，江西省于 2007 年对阔叶林不列入生产计划的规定，因此参与流转的林地林木以杉木林、松木林、竹林为主，其中又以杉木林居多。

表 5-1 2006 年遂川县林地 30 年流转价格情况 单位：元/hm^2

林龄	有林地				无林地
	杉木林	松木林	阔叶树	毛竹林	宜林荒山
5 年以下	4200	4050	3825		
6 ~ 10 年	8400	8100	7800		
11 ~ 15 年	12150	11850	11400	450	150
16 ~ 20 年	23250	20700	21150		
20 年以上	30000	28350	28800		

2007 年度在遂川林权交易市场发生的 6 宗林地流转，均为杉木林流转，

流转期限为30年，总蓄积量为3704m^3，林地总面积为45.73hm^2，成交金额为851200元，则单位蓄积流转价格为274.24元/m^3，单位面积流转价格为1.81万元/hm^2；以2006年观测的4宗杉木林流转而言，其流转期限相同，总蓄量为2317m^3，林地总面积为45.25hm^2，成交金额为80万元，单位蓄积流转价格为345.27元/m^3，单位面积流转价格为1.77万元/hm^2。

四、林地流转收益分析

本部分基于Faustmann无林地价格公式，推导了轮伐期为25年、合同期为30年的林地理论流转价格公式；结合实际流转价格，构建了林地流转收益合理性分析模型；将实地调研所获得相关数据代入分析模型，得出分析结果。

（一）分析模型的构建

1. Faustmann无林地价格公式

Faustmann公式已成为研究营林收益最大化的理论基础，并且被诸多营林公司运用于指导生产实践，诸如美国的惠好公司，国内的金光集团、嘉汉集团均用该公式计算林地预期收益。在此，基于杨馥宁等学者翻译的Faustmann论文（杨馥宁等，2006），简要分析Faustmann无林地价格公式，用于推导轮伐期为25年、合同期为30年的林地理论流转价格。

为分析的简便，以下分析中仅考虑一个轮伐期无林地价格公式。无林地价格为林地经济地租的资本化，经济地租为确定无林地价格的关键。Faustmann提出的林地地租公式有如下假设：

假设一，相关林业生产投入若不投入林业生产活动，可存入银行，获得利息收入，即应以利息率r考察资本的时间效益。

假设二，林地经营收入以林木采伐收入计量，既包括主伐收入，也包括间伐收入。主伐收入发生在轮伐期的最后一个年份，而间伐收入发生在轮伐期内的单个年份，但以轮伐期末总收益计量。

假设三，在轮伐期内，林地经营支出包括造林成本、管理和看护费用（下简称为“管护费”）、地租（即土地使用费）。其中，造林成本为一次性支出，管护费和土地使用费为林地轮伐期内每年均有发生，假定每年发生费用相等。

假设四，营林总收入与总支出相等，即采伐林木的收入与营林所发生的土地使用费、造林费和管护费总计相同。该假设的含义为，若既定资本投入林业生产活动，实现的收益率等同折现率。

对无林地地租公式中相关变量的定义详见表5-2。

表5-2　变量定义表

变量名	定　义	变量名	定　义
R	总收益现值	A	管护费总额
E	主伐现金收入	AA	年度管护费用
$D(a)$	一个轮伐期内第 a 年的间伐收入	R	土地租金总额
$C(a)$	一个轮伐期内第 a 年的间伐成本	AR	土地年租金
TC	总支出现值	t	轮伐期长
C	期初造林费用	r	折现率

以期初作为分析时点，对地租公式进行推导，即将所有的收入与支出都折现到一个轮伐期的初始年份，通过分别计量总收益、总支出，换算出地租。在此假定主伐和间伐收入都为期末获得，营林成本为期初发生。

一个轮伐期内总收益现值为：$TR = \frac{E}{(1+r)^t} + \sum_{a=1}^{t-1} \frac{D(a)}{(1+r)^a}$。其中，$a$ 指间伐年份，在不间伐年份 $D(a)=0$。

总支出：$TR = C + \sum_{a=1}^{t-1} \frac{C(a)}{(1+r)^a} + R + A = TR = C + \sum_{a=1}^{t-1} \frac{C(a)}{(1+r)^a} + \frac{(AR+AA)[(1+r)^t - 1]}{r(1+r)^t}$

根据假设四可得地租公式为：

$$AR = \left(\frac{E}{(1+r)^t} + \sum_{a=1}^{t-1} \frac{D(a)}{(1+r)^a} - C\right)\frac{r(1+r)^t}{(1+r)^t - 1} - AA \qquad (5.1)$$

在此，以 P 代表无林地价格，则无林地价格为 t 期地租的总和。定义 $D(a)=0$、$C(a)=0$，即营林只有主伐收入，则无林地林价公式为：

$$P = \frac{AR}{r} = \left[\frac{E}{(1+r)^t} - C\right]\frac{(1+r)^t}{(1+r)^t - 1} - \frac{AA}{r} \qquad (5.2)$$

假定地租在当年年末支付，合同期为30年的无林地价格公式可表示为：

$$P = AR\frac{(1+r)^t - 1}{(1+r)^t r}$$

$$= \left[\left(\frac{E}{(1+r)^t} - C\right)\frac{r(1+r)^t}{(1+r)^t - 1} - AA\right]\frac{(1+r)^{30} - 1}{(1+r)^{30} r} \qquad (5.3)$$

2. 有林地价格公式推导

有林地与无林地的显著区别在于生长了既定数量、林龄的林木资源，可以视为既定面积的无林地，通过造林和管护，到了与林龄相同的年度，并发生了相应的造林费用和管护费用。在此定义 u 为有林地上林木资源的林龄，以当前年作为计量年度。假设 $D(a)=0$，即营林只有主伐收入。用 $PF(u)$ 表示当前林龄为 u 年的有林地价格，$ARF(u)$ 为有林地年租金。那么有林地价格公式为：

$$PF(u)\frac{E+P}{(1+r)^{t-u}}-\frac{AA}{r}[1-(1+r)^{u-t}] \tag{5.4}$$

该公式蕴义为：林主在 $t-u$ 后采伐现有林分获得纯收入 E，同时出售采伐后的林地，林地出售收入为 P，那么林主在 $t-u$ 后得到的收入为 $E+P$。上式中等号右边第一项为 $E+P$ 的现值，第二项为林主需要付出的费用，即现有林分采伐前每年的管护费。

将无林地价格公式代入公式（5.2），可将有林地价格公式转换为：

$$PF(u)=(1+r)^{u}\left[\frac{E-C}{(1+r)^{t}-1}\right]-\frac{AA}{r} \tag{5.5}$$

相当于有林地年租金为：

$$ARF(u)=rPF(u)=r(1+r)^{u}\left[\frac{E-C}{(1+r)^{t}-1}\right]-aa \tag{5.6}$$

由此流转合同期为 30 年的有林地转让理论价格公式为：

$$PF(u)=ARF(u)\frac{(1+r)^{30}-1}{(1+r)^{30}r}=\left\{r(1+r)^{u}\left[\frac{E-C}{(1+r)^{t}-1}\right]-\mathrm{AA}\right\}\frac{(1+\mathrm{r})^{30}-1}{(1+\mathrm{r})^{30}\mathrm{r}} \tag{5.7}$$

3. 林地流转价格简化公式

由于我国南方集体林区涉及流转的林地绝大部分为人工林，采用纯林造林和皆伐采伐方式，假设间伐收入为零，营林收益来自主伐。林木主伐收益现值以预期的原木产量和当前年原木价格计量。进一步定义原木预期产量为 Q，当前原木价格为 IP，育林基金为 PR，检疫费为 FQ，采运费为 FLT。在此假设木材采伐纯收益只取决于采伐时的林分年龄，而与林龄何时达到 t 年无关。即假设每立方米立木的采伐纯收益（以可比价计量）不随时间变化。则可得不包括管护费和造林成本的营林净收益 E 为：

$$E=(IP-PR-FQ-FLT)\times Q \tag{5.8}$$

从遂川县林地价格体系可以得出，林地流转合同时间为 30 年，而轮伐期为 25 年。令 $D=\frac{(1+r)^{30}-1}{(1+r)^{30}r}DR=\frac{(1+r)^{25}-1}{(1+r)^{25}-1}$,，由此上述公式（5.3）

和（5.7）可分别简化为：

$$P = \left[\left(\frac{E}{(1+r)^{25}} - C\right)DR - AA\right]D \tag{5.9}$$

$$PF(u) = [(E - C) \times DR \times (1+r)^{u-25} - AA]D \tag{5.10}$$

4. 农户流转收益简单分析模型

假定农户进行自行经营，不将林地转让出去，所获得的收益值为林地理论流转价格。若农户将林地转让出去，其获得的收益值仅为流转价格。由此，比较林地理论流转价格和实际流转价格，则可分析农户流转收益是否具有合理性。在此，定义林地理论流转价格为 *TTP*，实际流转价格为 *RTP*。若 $TTP \geqslant RTP$，那么认为农户转出林地所获得收益实际值小于理论值，所获流转收益具有合理性。反之，若 $TTP < RTP$，则认为农户流转收益不具有合理性。

（二）数据说明及变量赋值

在此，将遂川县作为研究区域，2006 年度作为研究年份，以杉木林为例，分析农户流转收益是否具有合理性。在进行变量赋值时，遵循尽量符合林业生产经营活动实际情况的原则，以保证分析结果具有良好的解释性。以下数据若无说明，均来自于《遂川县集体林业产权制度改革成效专题调研资料》。

（1）预期收益相关变量赋值。关于单位林地预期原木产量的赋值，采用该县国户联营林场一个轮伐期后单位林地蓄积量为计算标准，即 150 m^3/hm^2，结合考虑 0.8 的出材率，将单位林地杉原木预期产量赋值为 120m^3/hm^2。就杉原木价格赋值，以 2006 年 22cm 规格杉原木市场价格为依据，赋值为 730 元/m^3。上述赋值的蕴意为，经过为期 25 年的一个轮伐期，杉木林将以大径级原木作为主要产出。

（2）营林成本与费用相关变量赋值。根据实地调查数据，2006 年造林成本以 4500 元/hm^2计量，其中造林人工费为 1750 元/hm^2，苗木费为 750 元/hm^2，三年抚育费为 2000 元/hm^2；年度管护费以 150 元/hm^2 计量；原木采运费为 100 元/m^3。全省“税费减轻”的制度安排具有一致性，林业育林基金和检疫费收费标准分别为 72 元/m^3和 2 元/m^3。

（3）折现率是计算林地理论流转价格的重要参数，代表资金占用应获得的最低动态收益率。折现率值的确定结合考虑了资金使用风险率和预期收益率。有关林业投资项目的折现率确定，主要有三种观点：其一，基于我国发行的长期国库券（3～5 年期）实际利率，结合考虑风险溢值，得出折现率值在 6.6%～8.25%之间（肖平、张敏新，1997）。其二，林业投资项目所需的收益率至少要等于社会折现率，采用投资项目的国民经济评价中统一的社会折现率，取值10%（李凤山，2002）。其三，以造林项目商业贷款利率为标准，根据国内商业贷款利率水平，取值6%（张哲峰，2005）。鉴于折现率属于规范研究范畴，本研究在对投资江西省造林项目的4家营林公司调研基础上，对折现率取值8%。

相关变量赋值详见表5-3。

表5-3　林地流转收益分析模型相关变量赋值

变量名	单位	赋值	说明
原材价格（*IP*）	元/m^3	730	以2006年22cm杉原木价格计量
单位林地预期原木产出（*Q*）	m^3/hm^2	120	考虑出材率情况下的单位活立木产量
造林成本（*C*）	元/hm^2	4500	调查所获实际值，包括人工费、苗木费和3年抚育费
年度管护费（*AA*）	元/hm^2	150	调查所获实际值
育林基金（*PR*）	元/m^3	72	征收基价360元，征收标准20%
检疫费（*FQ*）	元/m^3	2	税费制度规定
采运费（*FLT*）	元/m^3	100	调查所获实际值
折现率（*r*）	%	8	根据实际调查数据，并结合现有研究成果
轮伐期（*t*）	年	25	调查所获实际值

（三）流转收益分析结果

1. 流转收益的一般解释

将表5-3中各变量数值代入公式（5.9）和（5.10），可分别得到无林地和有林地理论流转价格，结合有关实际流转价格的二手资料，可得出表5-4所示流转价格比较表。

从表5-4可得，林地理论流转价格远远高于林地实际流转价格，即 $TTP \geqslant RTP$。在能获得足额采伐指标情况下，农户转出林地所获得的收益远远低于自行生产经营所获收益。换而言之，若不考虑限额采伐制度的约束作用，林地实际流转价格尽管得到大幅攀升，但是林地实际流转价格仍然过低。农户虽然从转出林地中获得现金收入，但流转收益不具有合理性。考虑到农户自行经营林地林木，开展管护工作发生费用应低于社会平均值，流转收益的不合理性较上述计算结果有所增加。

表 5-4 林地 30 年理论流转价格和实际流转价格比较表 单位：元/hm²

类项	林地理论流转价格（*TTP*）	林地实际流转价格（*RTP*）
荒山	3839.97	150
5 年以下	10381.2	4200
6～10 年	16045.92	8400
11～15 年	24369.26	12150
16～20 年	36598.98	23250
20 年以上	54568.45	30000

2. 限额采伐制度约束下的流转收益分析

然而，上述的结果假定了在轮伐期末期营林主可以完全获得采伐指标，即其林木采伐收益可以完全实现，即未考虑林业生产的特殊性，以及从事林业生产的政策风险。在实际营林活动中，受限额采伐制度约束，营林主不能完全获得采伐指标。在此定义采伐指标获得率为ρ，即获得的采伐指标与轮伐期末林地蓄积量的比值，此时收益现值为ECO，无林地理论流转价格为PO，有林地流转价格为$PFO(u)$。基于公式（5.8）、（5.9）、（5.10），可得考虑限额采伐制度约束下的收益现值、林地理论流转价格公式：

$$ECO = (IP - PR - FQ - FLT) \times Q \times \rho \tag{5.11}$$

$$P = \left[\left(\frac{ECO}{(1+r)^{25}} - C\right)DR - AA\right]D \tag{5.12}$$

$$PF(u) = \left[(ECO - C) \times DR \times (1+r)^{u-t} - AA\right] D \tag{5.13}$$

制度约束的存在使得营林收入存在不确定性，对于制度约束的预期也成为影响林地转出方转出林地的动因。在此，分别假定采伐指标获得率 ρ 为10%、30%、50%和 50%，采伐指标获得率与预期的制度约束成负相关。可得考虑制度约束下的流转收益比较结果，详见表 5-5。

表 5-5 考虑限额采伐制度约束下的林地理论流转价格和实际流转价格比较表

单位：元/hm²

类项采伐指标额度比例	林地理论流转价格（*TTP*） 10%	30%	50%	70%	林地实际流转价格（*RTP*）
荒山	－5407	－3352.12	－1297.24	757.65	150
5 年以下	－1267.33	1321.23	3909.79	6498.36	4200
6～10 年	－1069.58	2733.86	6537.31	10340.76	8400
11～15 年	－779.03	4809.48	10397.99	15986.5	12150
16～20 年	－352.11	7859.25	16070.6	24281.95	23250
20 年以上	275.178	12340.35	24405.52	36470.7	30000

从表5-5可得，随着采伐指标获得率的提高，农户流转收益从具有合理性趋向于不具有合理性。当$\rho=10\%$时，即获得的采伐指标率较少时，除20年以上林龄组林地外，所有类型林地的理论流转价格都为负值，农户按实际价格转出林地，获得了合理收益；当$\rho=30\%$和50%时，农户转出所有类型林地，流转收益仍具有合理性；当$\rho=70\%$时，农户转出所有类型林地，所获流转收益不具有合理性。

就《农户调查问卷》第10题“申请采伐采伐指标容易”回答结果的统计表明，仅有12%的农户选择了“是”，另88%的农户选择了“否”。从中可见，农户认为限额采伐制度存在强约束性，且采伐指标获得率低，对自行生产的预期收益也较低，因而愿意将林地转出。

五、活立木流转收益分析

以林龄处于成熟期的活立木而言，农户通常拥有两种处置办法：其一为自行采运，生产原木，进入木材市场销售，获得营林收益；其二为进入活立木流通市场，转让活立木所有权和收益权，获得流转收益。为分析农户转出活立木是否获得了合理收益，本研究通过比较流转收益与营林收益的大小，建立分析模型。

（一）分析模型的构建

为构建分析模型，以农户作为活立木转出方，试推导转出活立木和自行生产原木的收益公式；并基于此，比较分析农户转出活立木是否得到了合理收益。与林地流转收益分析相似，仍以流转价格作为分析流转收益的基础。对于农户自行生产原木，所获得营林收益的量化分析，本研究采用了逆算法中的林木销售价法。首先对相关变量进行定义，详见表5-6。

表5-6　变量定义表

变量名	定义	变量名	定义
VT	生产销售原木收益，即营林收益	*FQ*	检疫费
VST	转出活立木收益，即流转收益	*FLT*	采运费
PT	单位原木市场销售价格	*FT*	流转交易费用
PST	等量单位活立木流转价格	ρ	活立木采伐指标获得率
PR	育林基金		

在假定采伐指标足额获得，即 $\rho=1$ 的情况下，可得农户选择出售原木或转出活立木的收益公式如公式（5.14）、（5.15）所示：

$$VT = PT - FR - FQ - FLT \tag{5.14}$$

$$VST = PST - FT \tag{5.15}$$

通过比较 VT 和 VST，即比较保留单位活立木进行生产原木，或将单位活立木转出，农户获得的收益差异，以分析农户转出活立木所获流转收益的合理性。若"$VST - VT \geqslant 0$"，可认为农户转出收益具有合理性；反之，则认为农户转出收益不具有合理性。

当考虑采伐指标非足额获得，即 $0<\rho<1$，就与单位原木等量单位活立木而言，农户转出的活立木仅为部分单位原木，其比值受采伐指标所得率 ρ 所限。由此，转出方选择将单位活立木生产原木的收益为 $VT \times \rho$。考虑到单位活立木仅能产出 0.8 单位原木，在此将等量单位活立木界定为单位原木所对应的 1.25 单位活立木。

（二）数据说明及变量赋值

在此，仍以杉木作为研究树种。数据若无说明，均来自于《遂川县集体林业产权制度改革成效专题调研资料》。由于现有不同林地上的活立木蓄积量存在较大差异，利用活立木生产的原木规格多样，就转让活立木的流转收益以实际流转平均价格作为计算依据。

（1）经营收益相关变量赋值。鉴于现有不同林地上的活立木蓄积量存在较大差异，利用活立木生产的原木规格多样，以杉原木平均市场价格作为经营收益计算依据。杉原木平均市场价格为 625 元/m^3。育林基金、检疫费、采运费等相关费用等与前述林地流转分析部分相关值相同。

（2）流转收益相关变量赋值。2006 年，遂川县共发生 39 宗活立木流转，其中只有 11 宗获得采伐全额采伐指标，另 28 宗采伐指标获得率平均值为 37.65%。考虑限额采伐制度因素，活立木流转价格可细分为三个价格：其一，活立木平均流转价格，具体取值为 39 宗活立木交易总金额除以总蓄积量，具体值为 273.57 元/m^3；其二，获得全额采伐指标的活立林木平均流转价格，取值为 11 宗获得全额采伐指标的活立木交易总金额除以总蓄积量，具体值为 294.76 元/m^3；其三，获得部分采伐指标的活立木平均流转价格，取值为其余 28 宗活立木交易总金额除以总蓄积量，具体值为 164.68 元/m^3。其中，获得部分采伐指标的活立木采伐指标获得率为 37.65%。流转费用以林权交易市场收费标准计量，即活立木交易金额的 2%。

综上，对相关变量具体赋值见表 5-7。

表 5-7　活立木流转价格模型相关变量赋值表

变量名	单位	赋值	说明
采伐指标全额获得			
单位原木市场销售价格（*PT*）	元/m^3	625	以 2006 年度遂川县杉原木平均价格计
等量单位活立木流转价格（*PST*）	元/m^3	294.76	以获得全额采伐指标活立木流转均价计
育林基金（*PR*）	元/m^3	72	税费制度规定，征收基价 360 元，征收标准 20%
检疫费（*FQ*）	元/m^3	2	税费制度规定
采运费（*FLT*）	元/m^3	100	调查所获实际值
流转交易费（*FT*）	元/m^3	5.90	林权交易市场规定，以活立木流转价格 2% 计
采伐指标部分获得			
采伐指标获得率（ρ）	%	37.65	获得部分采伐指标的活立木可产原木数量与采伐指标额比值
等量单位活立木流转价格（*PST*）	元/m^3	164.68	以获得部分采伐指标活立木流转均价计
育林基金（*PR*）	元/m^3	22.60	按单位原木育林基金 37.65% 计
检疫费（*FQ*）	元/m^3	0.75	实际生产所获原木数量为单位原木的 37.65%
采运费（*FLT*）	元/m^3	37.65	实际生产所获原木数量为单位原木的 37.65%
流转交易费（*FT*）	元/m^3	3.29	林权交易市场规定，以活立木流转价格 2% 计

（三）活立木流转收益分析结果

基于上述对模型变量的赋值，可分别得转出方选择转出活立木或自行生产原木的收益。详见表 5-8。

从表 5-8 结果可得，在能获得全额采伐指标的情况下，农户自行生产原木收益远远高于转出活立木的收益，农户转出活立木所获收益不具有合理性。当受到限额采伐制度约束时，若采伐指标获得率为 37.65%，农户转出活立木所获收益也不具有合理性，应保留活立木自行生产和销售原木。

表 5-8　农户自行生产原木和转出活立木收益比较

采伐指标获取率	自行生产原木收益（*VT*）（元/m^3）	转出活立木收益（*VST*）（元/hm^2）
全额获取（$\rho = 100\%$）	464.05	288.86
部分获取（$\rho = 37.65\%$）	174.71	161.39

六、小 结

（一）结论与政策含义

本章研究得出两个主要结论：第一，在不考虑采伐额度制度约束的前提下，即采伐指标获得率为1时，农户将林地和活立木转出，而不是自行生产和销售原木，所获得的实际流转收益低于理论营林收益，因而流转收益不具有合理性。第二，在考虑采伐额度制度约束的前提下，即采伐指标获得率介于0~1，农户林地流转收益随采伐指标获得率的增长，由具有合理性转变为不具有合理性；农户活立木流转收益不具有合理性，但不合理性程度较小。

基于上述结论，关于集体林权制度改革中“农户增收”目标得以实现的论断是值得商榷的。由于对得以增收的农户群体缺乏系统研究，关于其收入增加部分是否完全来自于转出林地林木尚不得而知，但对于转出林地林木的农户而言，其长期的林业收益实际上是无法得以充分实现的，确保农户林业收益得以充分实现的制度改革目标也将难以达到。保障农户在流转中获得正当权益是“规范流转”的主要目的，该目标是否得到完好实现集中体现在农户流转收益是否具有合理性。有关流转收益合理性的判断，应结合考虑农户拥有的营林收益等收益方式。在一个完全竞争市场中，市场机制完全发挥作用，参与交易的物品价格由供需双方决定，或是说由供给和需求决定。对于林地林木流转市场而言，农户流转收益偏低的事实为什么没有在市场机制的作用下发生改变呢？进一步而言，农户选择转出林地林木还是保留林地林木两者之间存在替代，当保留林地林木所得收益较低，则愿意转出的林地林木数量较多，从而促使林地林木转出价格下降，但转出收益与营林收益应趋于相等；当转出收益低于营林收益时，农户将倾向于不转出林地林木，使得林地林木供给减少，并最终导致转出价格上涨。面对着市场机制并不能完全发挥作用，可能的原因在于：第一，流转市场并不是由大量的供给者和需求者组成，在流转价格形成中，供给者扮演了更为重要的角色，需求者只是价格接受者；第二，市场信息不充分，即需求者缺乏获取市场供需情况的能力，或者市场信息之间的通道被某种因素干预；第三，农户对获取高于转出收益的营林收益缺乏预期，即认为采伐指标获取率在今后较长一段时间内仍难以提高，由此导致营林收益较低。

当前，管理部门通过各种制度措施推动着流转朝规范化和有序化方向发展，如何确保农户营林收益得以提高，则是当前制度安排应予以完善之处。

营林收益的提高一方面将使得农户“林业增收”具有可持续性，另一方面则将使得农户流转收益得以提高，从而推动农户林业收益得以可持续提高，正当权益得以保证。由此，农户流转收益的实现问题不仅受各项流转制度措施的影响，也受着以限额采伐制度为代表的生产制度的影响。

（二）需要进一步研究的内容

本章研究存在两方面需进一步研究的内容：第一，需基于场内流转和私下流转两种市场模式，更为全面的研究农户流转收益的实现问题。本章研究针对场内流转模式，分析农户转出林地林木所获流转收益是否具有合理性，分析结论有助于解释“规范流转”制度安排下的流转收益实现问题。然而，私下流转是农户选择的另外一种流转模式。对于该模式下农户流转收益的实现问题分析不足，使得对流转收益合理性的分析不甚全面，也制约了进一步分析流转制度措施的有效性。第二，农户采伐指标的实际获得情况。在本章研究中，采用了设定值分析农户林地经营收益，以比较农户流转收益的合理性。尽管农户获得的采伐指标率较低是不争的事实，但是没有获得并采用农户实际获得的采伐指标作为分析依据，使得分析结论的科学解释能力存在不足。

本章研究较为客观地反映了农户的流转收益实现问题，有助于解释现行流转中，集体制度改革确保农户正当权益得以实现的目的是否达到。为进一步揭示流转制度安排及其集体林权制度改革目标实现的作用，本研究第六章内容将重点考察影响农户转出林地林木的各种因素。

第六章
农户林地林木转出行为分析

一、引　言

在江西省林权交易市场中，农户和村集体都是集体林地林木的转出方。随着“确权到户”工作的基本完成，农户拥有85%的林地林木资源，村集体拥有其余15%的林地林木资源。村集体转出林地林木受着严格的制度约束，而农户则拥有更大的自由度。村集体转出的林地林木通常也是难以进行“确权”的部分，诸如难以实现“平均到户”、村民之间存在林权纠纷，“均利”成为其中的必然出路。换而言之，村集体就未进行“确权到户”的林地林木进行流转，合乎集体、村民的共同利益。

农户林地林木转出行为直接关系到其是否将林地林木转出，进而影响全省林地林木流转活动开展情况，林业生产要素集约使用目标能否实现，以及林业生产经营活动趋于规模化目标能否达到。如前所述，农户转出行为是对自行生产经营预期收益判断的结果。作为转出方的农户本身并不具有完全理性，其转出行为不仅受对预期收益的判断影响，还将受其他因素的影响。分析农户转出林地林木行为的影响因素，有助于对农户行为形成更为清晰的认识，从而为完善流转制度提供科学依据。鉴于农户转出林地和活立木的流转收益与其经营收益相比具有相同结论，本章研究将转出林地和活立木视作无差异行为，即将转出林地和活立木作为个整体，分析影响农户转出林地林木行为影响因素。

在本章，首先基于农户行为理论，界定了农户转出行为为部分理性；其次，通过对农户转出行为的定性描述，界定了影响农户转出行为的相关因素，并提出了研究假说；第三，基于研究假设，结合预调查分析结果，运用专家赋值法，确定了4类10个变量，对相关变量进行了赋值说明。选择的分析模型为二分类 Logistic 分析模型和多元回归分析模型；第四，将数据代入模型进行计算，得出了不同因素对是否转出和转出数量影响程度的计量分析结果，并对结果进行了解释；第五，总结了本章研究结论。

二、农户林地林木转出行为理论

在现行的经济生活中，农户是否是完全理性的经济行为主体是不同学者就农户经济行为争论的焦点。对于农户经济行为理性程度的认识，直接影响农户经济行为分析视角、路径及结果。在此，基于完全理性人和不完全理性人的理论分析，得出本研究对农户行为的理性假说。

舒尔茨在《改造传统农业》中，对社会学家对危地马拉的帕那加撒尔和印度的塞纳普尔这两个传统农业社会所作的详细调查资料进行了证明，提出“在传统农业社会中，生产要素配置效率低下的情况是比较少见的”，即传统农业中的农民完全理性，农民对市场价格的反应灵敏，能使生产要素达到最优配置（舒尔茨，1987）。

以蔡雅诺夫为首的专家主要是从社会学的角度观察农户的经济行为，并得出迥然不同于舒氏的结论，认为农户经济为并非完全理性。蔡雅诺夫认为农民生产不能理解为资本主义利润最大化，农场一年所生产的农产品，也很难像现金收入一样按单位计算；农民的家庭式农场的生产，主要是为了满足其家庭的消费需要，而不是为了追求最大利润。和蔡雅诺夫持类似观点的还有卡尔·波拉尼以及詹姆斯·科特，他们基本上都认为，在高度自给的社会中，农民往往追求一种家庭效用的最大化，而对家庭收入及其利润等市场经济条件下的概念没有考虑。

之后，西蒙提出人的理性只能是有限的，人类行为中的理性和非理性同时存在。虽然在理想的状态下，人们总是追求最优方案，但是在一个信息不完全的现实世界里，外部事件是不确定的，再加上人在收集信息、推断和进行复杂计算方面的能力非常有限，所以，不可能把所有的价值考虑统一到单一的综合性效用函数当中。在决策之前就了解到所有备选方案及其实施后果，实际上是办不到的。因此，决策过程中人们寻求的并非最优解，而是满意解。有限理性假说把经济人置身于交易成本为正的现实世界中，经济人仍然是追求最大化的，只是这个最大化是在一组约束条件下净收益的极值。我国学者郑风田提出的“农民理性行为具有异质性”是对上述学说的有利补充。具体内容为：在自给自足的经济制度下，农民的行为类似蔡雅诺夫的小农。在市场经济制度下，农民的行为类似舒尔茨的小农，从完全自给自足向商品化过渡的阶段。因此，农民的行为具有双重性。农民的行为也具有相对统一性，不论在哪一种经济中，生存温饱问题一直是农民理性行为中的核心问题；在适宜的制度下，农民的行为都符合理性，而农民的非理性行为都是制度悖论的直接结果（黄佩艳，2003）。史清华（1999）认为，农户的经济行为一般认为是理性的，在市场建设不规范时，也可能会出现“反常”行为。钟涨宝、汪萍（2003）认为，在农地市场尚未发育成熟的条件下，农户在农地流转过程的行为不可能做到完全理性；即使处于成熟和发达的农地市场中，由于农地资源不仅具有生产要素等经济功能，还具有社会保障功能，农户在农地流转过程中的行为也不可能做到理性化。根据农地流转过程中农户的意愿强度，有学者将农户分成四类：一是顽固型农户，满足于在自家的土地上精耕细作，没有农地流转的意愿；二是观望型农户，有一定的农地流转意愿，行为选择的主要原因是对农地升值的预期；三是情感型农户，农地流转对象的选择上无论是在社会空间还是在区域范围上都具有明显的情感性，不是完全按照理性模式追求“最优”的原则；四是探索创新型农户，因为农地流转的机制没有现成的路可走，全国各地的条件各异，必须要有一大批探索创新者走出各具特色的农地流转之路现代农业的目标方能见曙光（钟涨宝等，2007）。

本研究认为，农户既是经济单元，又是社会单元。作为经济单元，农户是自负盈亏的独立经营主体，农户对于降低交易成本的意愿较高。实际上，农户要做出最优决策方案，将遇到难以逾越的信息和时间障碍，其最终选择的不是最优而只是较为满意的方案。作为社会单元，追求自身效益最大化仍是主要目标，然而其中参杂了更多的时间和非经济因素。作为转出主体的农户被假定为“有限理性”，而非完全理性。即农户对于流转前后的收益变动能做出正确判断，但在流转制度安排的认识、受让方的寻找等方面存在缺陷。

因此，作为有限理性行为主体，农户转出林地林木行为取决于下两个条件：其一，农户转出意愿。若农户认为流转收益过低，或认为保留林木、自行经营的预期收益更大，则其流转意愿较低；其二，流转发生的可能性。流转发生的可能性主要取决于农户获得需求信息的能力。若愿意流转的农户难以寻找到合适的买者，那么转出发生的成功率则低。

三、研究假设

农户林地林木转出行为是新集体林权制度安排赋予农户的林地林木处置权。具体而言，农户选择转出或不转出林地林木与其对制度的认知程度、非农收入比重、林业生产状况、家庭情况存在内在关联。在本研究中，拟从下述四个方面提出研究假设。

（一）对制度认知程度与转出行为关系

集体林地林木流转制度安排直接影响流转活动，生产制度安排则对流转活动具有间接影响。长期以来，农户转出林地林木多数只能依靠私下流转。随着“规范流转”等新流转制度的实施，私下流转的生存空间遭到压缩。选择进入林权交易市场进行流转，正在成为农户转出行为得以发生的必要条件。林权交易市场的建立既是集体林权制度配套改革的一项内容，也是新流转制度安排的一项举措。若农户不知道林权交易市场，尽管具有转出意愿，也将陷入难以寻找到受让方的困境，导致转出发生的可能性小，转出行为难以实现。

不知道林权交易市场固然是农户对新流转制度认知程度特别低的一个表现，但知道林权交易市场的存在并不意味着农户对于制度的认知程度很高。换而言之，农户知道林权交易市场，但从未去过该市场，也不知道该市场对自身开展林地林木流转的作用，尽管其有转出意愿，却将面临着转出发生可能性较低的困窘。

此外，农户转出行为还受着其对采伐指标认知程度影响。农户若认为采伐指标难以获得，那么其将林地林木转出的意愿较高。反之，认为采伐指标申请不难的农户，通常也是能申请到采伐指标的农户，具有较高林业生产积极性，将林地林木转出的意愿则较低。

基于上文分析，得出本章第一个研究假设：农户对制度的认知程度决定了其转出林地林木的意愿和可能性，进而决定了其转出行为。对于流转制度认知程度较高的农户更容易转出林地林木，而认为采伐指标难以获得的农户则倾向于转出林地林木。

（二）非农收入与转出行为关系

江西省地处我国经济较为发达的珠江三角洲北部和长江三角洲南部，该省农户在选择非农生产活动，尤其是出外务工，具有明显区位优势。事实上，该省农村地区的青壮年不仅在广东、福建、上海、江苏等地务工，在北京从事家装、餐饮等行业的也为数不少。众多有关农地流转影响因素的研究表明，非农收入的取得使得农户对于农业生产的依赖性较低，存在较大的可能将农地流转出去。

林业生产活动与由种植业、养殖业和渔业组成的农业生产活动相比，在时间上具有互补性，在空间上具有一致性。农户通过在合理分配劳动时间，完成种植、养殖等活动后，开展林业生产活动，以充分利用劳动时间；其从事农作物种植、畜牧养殖等农业生产活动的场所多在家庭所在地，也即是承包的本村农地，这与林地自然分布一致。鉴此，非农收入的获取对农户农地流转行为的影响与其对林地林木流转行为的影响应具有相似性。

然而，林业生产与农业生产不尽相同。基于林地开展的林业生产周期长，造林投入为一次性支出，营林投入为逐年投入。若没有营林投入，林木仍然可以自然生长，实现价值增殖，因而自行拥有山林也被称作拥有“绿色银行”。农户获取非农收入，则对于林地林木资源变现的需求度较低，也有可能选择不转出林地林木。

综上，本章的第二个研究假设为：农户非农收入的取得对于其转出林地林木行为既有可能存在促进作用，也有可能存在阻碍作用，这取决于农户对于林地林木资源变现的需求度。

（三）林业资源禀赋及生产投入与转出行为关系

在江西省集体林权制度改革中，大部分地区“三定”时期所确定的林地使用权和林木使用权分配格局得以维护。迄今，农户所拥有的林业资源禀赋存在一定差异。林业生产活动具有规模效益，若农户拥有的林业资源过少，那么所获经营收益相对较少，保留林地林木进行自行经营的可能性也较小。就林地林木受让方而言，其转入林地林木的目的在于开展规模化经营，希望转入的地块集中。因此，林业资源数量对于转出行为具有双重影响。

林业生产周期长，受自然力影响较大，生产规模较小的生产单位多沿用粗放式经营，较少农户会像从事粮食生产那样，沿用精耕细作模式。然而，作为一项生产活动，资金、劳动力等生产要素投入的多少，也将影响生产活动效率和收益。较高的林业生产投入表明，农户对林业生产活动的重视程度和依赖程度较高，具有较高林业生产效率和收益，选择不转出林地林木，进行自行经营的可能性也相应较高。

综上，本章的第三个研究假设为：农户拥有的林地林木数量对于转出行为发生具有双重影响；而农户林业生产投入较高，则其转出林地林木行为发生的可能性小。

（四）家庭状况与转出行为关系

诸多农地流转研究成果认为，在我国农村，家长对于农户家庭的经济和社会行为选择具有主导作用，家长的主体特征将直接影响家庭行为选择。年龄较大的家长具有较丰富的农业和林业生产实践，外出务农的概率较小，倾向于多拥有土地，以自行经营。家长的行为能力取决于其接受教育的时间，接受的教育时间较长，其经营能力则相对相高，且获得非农收入的概率较大。

在我国农村，非正式制度安排仍占有相当地位。家里若有村干部，可在土地等资源分配中获得优势地位。因而，家里是否有村干部，对于农户趋利行为的选择影响重大。林地林木流转，尤其是林木转出，受木材限额采伐制度约束。若林木没有获得木材采伐指标，即使农户愿意进行转出，也没有转入需求。当前，木材采伐指标直接分配县、乡、村三级。因而，家里如果有村干部，林木转出将更有可能发生。

“实现农户增收”一直是我国“三农”问题中待破解的难题。农户收入具有刚性，其经济行为与支出变化关系较大。若家里需大额资金支出，用于盖房、看病、子女上学等方面，使得农户入不敷出或经济紧张，其经济行为将发生变化，诸如选择比较收益更高的经济活动、举债、资源变现。

结合上文分析，本章的第四个研究假设为：农户家庭状况决定了其是否转出林地林木，若农户年龄较大、教育时间短、家里有人当村干部、需要大额支出，则其林地林木转出行为发生的概率较大。

四、研究方法

（一）变量的选择与说明

1. 变量的选择

基于研究假设，本研究将农户转出林地林木行为的影响因素归纳为对制度的认知程度、非农生产活动、林业资源禀赋和林业生产投入、家庭状况四类。在预调查分析结果基础上，结合考虑林业生产活动的特殊性，运用专家赋值法①，确定了以下 4 类 10 个变量：

（1）制度认知程度类变量，包括申请采伐指标是否容易（x_1）、是否知道林权交易市场（x_2）、是否去过林权交易市场（x_3）。上述三个变量能较为完整的代表农户对与林地林木流转相关制度的认知程度。

（2）非农生产活动变量类，主要选择家庭非农收入比重（x_4）。家庭非农收入比重与家庭非农劳动时间关系紧密，代表了农户从事林业生产的积极性，以及对林业资源的依赖性。在此，之所以不选择非林收入比重作为变量，在于农户对于林业收入与农业收入界定不甚清晰。

（3）林业资源禀赋和林业生产投入类，包括林地面积（x_5）、林业劳动时间（x_6）。就林业资源禀赋而言，林木蓄积量也应为一个重要指标，但由于数据的缺失，选择以林地面积为代表。

（4）家庭变量类，包括户主年龄（x_7）、户主受教育水平（x_8）、家里是否有村干部（x_9）、上学子女数（x_{10}）。

---

① 运用专家赋值法，针对 20 位专家进行了问卷调查，获得针对不同变量的赋值结果，选定获得分值在前 10 位的变量用于影响因素分析。

2. 变量的测量方法

就被解释变量中的“是否选择转出林地林木”，以农户调查表第33题直接计量；就另一被解释变量——“转出林地林木的面积”，采用了如下方法计量：其一，基于林地林木流转情况，区分为林地流转和活立木流转；第二，对于只有林地转出的，以农户调查表第36题进行计量；第三，对于只有活立木转出的，就涉及的林地面积，以农户调查表第37题计量；其四，对于既有林地转出的，也有林木转出的，予以加总计量。解释变量的测量以及赋值的说明详见表6-1。

表6-1　变量测量方法

影响因素变量	问　题	测　量
制度认知程度类		
申请采伐指标容易（是=1；否=0）	申请采伐指标是否容易？（农户调查表第10个问题）	是，赋值1；否，赋值0。
是否知道林权交易市场（是=1；否=0）	是否知道林权交易市场？（农户调查表第24个问题）	是，赋值1；否，赋值0。
是否去过交易市场（是=1；否=0）	是否去过林权交易市场？（农户调查表第25个问题）	是，赋值1；否，赋值0。
非农生产活动类		
家庭非农劳动收入比值（%，家庭非农收入/总收入）	2007年非农收入占家庭总收入比重（农户调查表第3个问题）	在0~1之间，以调查数值表示；少于0或大于1，视为无效数据。
林业资源禀赋及林业生产投入类		
林业生产时间比值（%，林业劳动天数/总劳动天数）	2007年林业生产时间占总劳动时间比重（农户调查表第8个问题）	在0~1之间，以调查数值表示；少于0或大于1，视为无效数据。
林地面积（亩）	林地面积？（农户调查表第5个问题）	直接测量，但该数据需与农户调查表第25个问题的答案基本吻合
家庭状况类		
户主年龄（岁）	家长年龄？（农户调查表第2个问题）	直接测量
户主受教育水平（1=小学以下；2=小学；3=初中；4=高中及以上）	家长文化程度？（农户调查表第2个问题）	小学以下，赋值1；小学，赋值2；初中，赋值3；高中及以上，赋值4。
家里是否有村干部（1=有；0=无）	家里是否认有担任村干部？（农户调查表第3个问题）	直接测量
上学子女数（个）	家里有几个孩子上学？（农户调查表第4个问题）	直接测量

3. 各变量对林地转出行为的作用预计

在此，对各变量对于农户转出行为的影响做了预计，其预计结论见表6-2。该表同时列明了各变量对农户转出林地林木数量的影响。其中，“+”表示正相关，即解释变量对因变量具有正向影响；“-”表示负相关，即解释变量与因变量的变化方向相反；“+/-”表示存在双重关系。上述预计影响都有待通过进一步的研究予以检验。

表6-2　农户转出林地林木影响因素对转出行为的作用预计

影响因素变量	对是否转出林地林木的影响	对转出林地林木面积的影响
制度认知程度类		
申请采伐指标容易（是=1；否=0）	-	-
是否知道交易市场（是=1；否=0）	+	+
是否去过交易市场（是=1；否=0）	+	+
非农生产活动类		
家庭非农劳动收入比值（%，家庭非农收入/总收入）	+/-	+/-
林业资源禀赋及林业生产投入类		
林业生产时间比值（%，林业劳动天数/总劳动天数）	-	-
林地面积（亩）	+/-	+/-
家庭状况类		
户主年龄（岁）	-	-
户主受教育水平（1=小学以下；2=小学；3=初中；4=高中及以上）	+/-	+/-
家里是否有村干部（1=有；0=无）	+	+
上学子女数（个）	+	+

（二）模型选择及说明

1. 二分类 Logistic 回归模型①

鉴于所选择被解释变量——农户转出林地林木行为为二分类变量，且Logistic 回归模型被农业经济学家广泛运用于研究农地流转中的农户行为，

① 张文彤主编，董伟副主编．SPSS统计分析高级教程［M］．北京：高等教育出版社，2006：163~186。

本章采用该模型来确定农户转出行为的影响因素。

二分类 Logistic 模型采用的是逻辑概率分布函数（cumulative logistic probability function），其一般形式为：

$$p_i = F(a + \sum_{j=1}^{m} \beta_j X_{ij}) = \frac{1}{1 + \exp[(a + \sum_{j=1}^{m} \beta_j X_{ij})]}$$

上式中，p_i表示一个选择概率；X_{ij}为影响因素变量；F 服从一个标准的 Logistic 分布。Logistic 模型最大似然估计法对其回归参数进行估计，回归参数的检验采用 Wald 统计量检验，Wald 检验值越大表明该自变量的作用越显著。

基于一般表达式，及解释变量与被解释变量的关系，以农户林地转出行为作为被解释变量，有林地林木转出行为的定义为 1，没有转出行为的定义为 0，构建如下 Logistic 回归模型：

$$RTF_i = a + \beta_1 X_{i1} + \beta_2 X_{i2} + K + \beta_{10} X_{i10} + \varepsilon_i \tag{6.1}$$

模型中，RTF_i 为被解释变量，即农户选择转出或不转出林地林木；a 为常数估计项；β_1 表示参数系数估计项；X_{ij}为第 i 个样本农户的第 j 项解释变量数值，分别表示第 i 农户申请采伐指标是否容易（X_{i1}）、是否知道林权交易市场（X_{i2}）、是否去过林权交易市场（X_{i3}）、家庭非农收入比重（X_{i4}）、林地面积（X_{i5}）、林业劳动时间（X_{i6}）、户主年龄（X_{i7}）、户主受教育水平（X_{i8}）、家里是否有村干部（X_{i9}）、上学子女数（X_{i10}）；ε_i 为误差估计项，其均值为 0，且独立于解释变量。

2. 多元线性回归模型①

基于二元 Logistic 回归分析结果，本章建立了多元线性回归模型，用于分析不同因素对农户林地转出数量的影响。回归模型中，被解释变量为农户转出林地林木面积。多元线性回归分析结果用于进一步解释，在 Logistic 模型确定的影响因素中，对于选择了转出林地林木的农户群体，上述因素的影响是否具有差异性。模型的具体形式表示为：

$$QTF_i = a + \beta_1 X_{i1} + \beta_2 X_{i2} + K + \beta_{10} X_{i10} + \varepsilon_i \tag{6.2}$$

模型中，QTF_i 为被解释变量，即第 i 个农户选择转出的林地面积，如果第 i 个农户没有转出林地，则 QTF_i 为 0；a 为常数估计项；β_i 表示参数系数估计项；X_{ij}为第 i 个样本农户的第 j 项解释变量数值，含义与模型（6.1）

---

① 张文彤主编，董伟副主编．SPSS 统计分析高级教程［M］．北京：高等教育出版社，2006：91~117。

相同；ε_i 为误差估计项，其均值为0，且独立于解释变量。回归分析结果采用 t 检验。

（三）数据解释

1. 数据获得

本章数据主主要来自于通过实地调查获取的一手和二手资料。调查方法详见第一章研究方法内容，在此不作赘述。

2. 样本村情况

本研究选择的12个样本村均处于江西省林改试点县的主要林区，样本村的森林资源以乔木为主，与两县主要发生流转的林种特征具有一致性。其中，遂川县样本村与县城距离在40~61km，交通较为方便，每日有四班公交车往返县城；铜鼓县样本村与县城距离在8~30km。以劳动力就业情况而言，遂川样本村均有超过50%的劳动力在外地长期务工，其中潭溪村劳动力外出务工高达90%，位居首位；铜鼓县劳动力外出务工比重较小。遂川县样本村人均纯收入处于2000~6000元，石坑村人均纯收入最高，达到6000元；铜鼓县样本村人均收入处于2000~3100元，人均收入相差较小。样本村耕地资源不甚丰富，遂川县人均耕地面积介于513.59~847.09m^2，铜鼓县介于100.05~747.04m^2。样本县林地资源较为丰富，遂川县人均林地面积最少为0.53hm^2，最多为2.67hm^2；铜鼓县处于1.25~10.86hm^2。以面积计，遂川县双溪村林地资源为耕地资源的6.24倍，而铜鼓县战坑村林地为耕地的285.71倍。2007年度样本村基本情况详见表6-3。

表6-3　2007年样本村基本情况

名称	距县城距离（km）	户数（户）	人数（人）	劳动力（人）	外出打工人数（人）	人均纯收入（元）	人均耕地面积（m^2/人）	人均林地面积（hm^2/人）	行政隶属
双溪村	52	272	1295	800	600	2800	847.09	0.53	遂川
石坑村	61	116	516	286	112	6000	513.59	2.07	遂川
潭溪村	56	372	1780	800	720	4000	747.04	0.94	遂川
衙前村	60	786	3360	2080	1160	2180	626.98	0.66	遂川
上芫村	43	276	1078	670	280	3760	540.27	1.26	遂川
士高村	40	222	959	550	250	2000	453.56	0.90	遂川
椴尾村	44	269	1209	798	385	3620	566.95	1.49	遂川
战坑村	18	230	844	670	50	2800	100.05	19.05	铜鼓
大槽村	13	177	726	458	32	3300	440.22	4.12	铜鼓
华联村	20	315	1130	362	43	2350	626.98	1.09	铜鼓
光明村	8	450	1700	800	200	2500	747.04	0.52	铜鼓
新开村	30	216	746	350	20	2300	246.79	13.67	铜鼓

在12个样本村中，大部分样本村将绝大多数集体林地林木分配给农户；其中，隶属铜鼓县的战坑、大槽、光明、新开4村将全部集体林都分配给了农户，为“确权到户”的典范。所有样本村中，石坑村“确权到户”比重最低，仅为25%。经调查获知，自1984年，即在“三定”末期，石坑村将75%的集体林地林木由村集体统一经营，迄今已有24年。新一轮集体林权制度改革期间，经村民大会同意，保留由村集体统一经营75%集体林地林木模式，因而该村“确权到户”比率较低。2007年度，每位村民从林木经营收益中分得4000元现金，对村经营基本满意。由于铜鼓县大部分村将林地分配给了农户，该县样本村中无村集体转出活动发生；除大槽村外，其余四个村都有部分农户转出林地林木；其中，新开村最为活跃，其具体流转方式为，农户以林地林木入股，外来公司以现金入股，共同成立股份合作林场。在遂川县，有3个样本村以村集体为转出方，发生了林地林木转出；其中，双溪村和士高村没有农户作为转出方的林地林木转出，这2个村也是7个村中惟有没有农户转出的2个村。双溪村、潭溪村集体转出数量均为200hm^2，都是将存在林权纠纷，难以实现“均山”的集体林地林木转出，以实现“均利”。在所有样本村中，只有上芫村有林木加工企业，该村转出林地林木的农户最多。2007年样本村林地资源及流转情况详见表6-4。

表6-4　2007年样本村林地资源及其流转情况

名称	林地面积（hm^2）	确权到户林地面积（hm^2）	确权到户林地比重（%）	集体转出林地面积（hm^2）	涉及村集体农户量（户）	农户转出林地面积（hm^2）	转出林地农户数量（户）	行政隶属
双溪村	686.67	446.67	65	200	45	0	0	遂川
石坑村	1066.67	266.67	25	0	0	20	20	遂川
潭溪村	1666.67	1466.67	88	200	50	80	15	遂川
衙前村	2213.33	2106.67	95	0	0	13.33	6	遂川
上芫村	1353.33	1266.67	94	0	0	386.67	90	遂川
士高村	866.67	813.33	94	10	10	0	0	遂川
椴尾村	1800.00	1702.20	95	0	0	37.33	36	遂川
战坑村	2400.00	2400.00	100	0	0	80	18	铜鼓
大槽村	1984.45	1984.45	100	0	0	0	0	铜鼓
华联村	1153.33	1153.33	100	0	0	20	6	铜鼓
光明村	1000.00	666.67	67	0	0	266.67	50	铜鼓
新开村	3800.00	3800.00	100	0	0	3240	200	铜鼓

3. 样本农户基本情况

本研究共完成200户农户调查表，其中11份调查表回答不全或前后回答存在矛盾，视其为无效问卷，因此研究样本由189个农户组成。回归模型中的变量的描述性统计分析结果见表6-5。

表6-5　影响样本农户林地林木转出行为因素变量的描述性统计结果（N=189）

影响因素变量	最小值	最大值	均值	标准差
被解释变量				
是否选择转出林地林木（是=1；否=0）	0	1	0.35	0.479
转出林地林木的面积（hm^2）	0	23.33	0.81	2.81
解释变量				
申请采伐指标容易（是=1；否=0）	0	1	0.14	0.350
是否知道交易市场（是=1；否=0）	0	1	0.57	0.497
是否去过交易市场（是=1；否=0）	0	2	0.29	0.467
家庭非农劳动收入比值（%，家庭非农收入/总收入）	0	1.00	0.5462	0.30231
林业生产时间比值（%，林业劳动天数/总劳动天数）	0	0.9	0.154	0.1719
林地面积（hm^2）	0.2	61.6	6.15	6.553
户主年龄（岁）	33	81	50.77	11.739
户主受教育水平（1=小学以下；2=小学；3=初中；4=高中及以上）	0	4	2.47	0.926
家里是否有村干部（1=有；0=无）	0	1	0.10	0.402
上学子女数（个）	0	2	0.66	0.739

表6-5的描述统计结果表明：35%的样本农户选择了转出林地林木；农户平均转出林地林木规模为0.81hm^2；12%的农户认为采伐指标容易，但88%的农户认为采伐指标难以获得；56%的农户知道要素交易市场，但只有29%的农户去过要素交易市场；农户非农劳动收入占家庭收入比重均值为54.62%；林业生产活动平均占家庭劳动时间的15.4%；农户最少拥有0.2hm^2林地，最多拥有61.6hm^2林地，其平均林地面积为92.20hm^2；户主最小年龄为28岁，最大为81岁，户主平均年龄略高于50岁；户主总体受教育水平为小学和初中；10%的样本农户家里有村干部；农户家中最多有2个子女上学，平均上学子女个数为0.66个。

五、检验结果及对结果的讨论

（一）检验结果

在此，首先采用二分类 Logistic 模型来确定对农户转出行为具有显著影响的因素，结果详见表6-6。其次，采用多元回归模型来进一步解释，对于转出林地林木的群体，上述因素的影响是否存在差异，结果详见表6-7。

表6-6　影响农户林地林木转出行为的各因素作用（二分类 Logistic 模型）

解释变量	被解释变量 是否选择转出林地林木（是 =1；否 =0） 模型6.1　B
常数项	1.428 (0.952)
制度认知程度类　采伐指标容易（是 =1；否 =0）	−1.119* (3.350)
是否知道交易市场（是 =1；否 =0）	0.115 (0.056)
是否去过交易市场（是 =1；否 =0）	0.897** (5.387)
非农生产活动类　家庭非农劳动收入比值（%，家庭非农收入/总收入）	−4.945*** (26.466)
林业资源禀赋及林业生产投入类 林业生产时间比值（%，林业劳动天数/总劳动天数）	−5.976*** (12.126)
林地面积（亩）	0.002 (0.528)
家庭状况类　户主年龄（岁）	−0.018 (0.833)
户主受教育水平（1 = 小学以下；2 = 小学；3 = 初中；4 = 高中及以上）	0.418 (2.621)
家里是否有村干部（1 = 有；0 = 无）	−0.057 (0.013)
上学子女数（个）	1.291*** (19.288)
预测准确率	78.8%
Nagelkerke R^2	0.489
Chi-Square	162.758***
N	189

注：回归参数采用 t_2 检验，*表示10%的显著水平，**表示5%的显著水平，***表示1%的显著水平，括号内为 Wald 值。

表 6-7　影响农户林地林木转出数量的各因素作用（多元线性回归模型）

解释变量	被解释变量
农户林地林木转出林地数量（亩） 模型 6.2　B	
截距项	-43.351 (-0.911)
制度认知程度类　伐指标容易（是=1；否=0）	-13.007 (-0.582)
是否知道交易市场（是=1；否=0）	12.750 (0.832)
是否去过交易市场（是=1；否=0）	-2.707 (-0.248)
非农生产活动类　家庭非农劳动收入比值（%，家庭非农收入/总收入）	27.815 (1.185)
林业资源禀赋及林业生产投入类 林业生产时间比值（%，林业劳动天数/总劳动天数）	-114.783* (-2.171)
林地面积（亩）	0.419*** (4.447)
家庭状况类　户主年龄（岁）	0.535 (0.828)
户主受教育水平（1=小学以下；2=小学；3=初中；4=高中及以上）	-0.271 (-0.034)
家里是否有村干部（1=有；0=无）	28.127* (1.822)
上学子女数（个）	0.668 (0.077)
Adjusted　R^2	0.362
F	4.752***
N	67

注：回归参数采用 t 检验，*表示10%的显著水平，***表示1%的显著水平，括号内为 t 值。

（二）结果讨论

1. 农户对制度认知程度对转出林地林木行为的影响

计量模型结果表明，本章有关农户对制度认知程度与其林地林木转出行为的关系假设得以证实。具体而言，可以从对林业生产制度和流转制度的认知程度方面来思考计量结果对假设一的证实过程。

（1）二分类 Logistic 模型结果表明，农户对限额采伐制度的认知程度与其流转行为具有显著关系，即当农户认为采伐指标难以获得时，其更愿意转出林地林木，而不是保留林地林木自行生产经营原木。多元回归模型结果表明，农户限额采伐制度认知程度与其流转行为不具有显著关系，即选择了流转的农户对于采伐指标获得难度的认知不存在差异。该结论与农户理论营林收益高于流转收益的前提下，由于对获取采伐指标缺乏预期，仍将林地林木转出的原因具有一致性。

（2）是否知道林权交易市场对于农户转出行为的影响不具有显著性。从中可得，农户知道要素交易市场，并不意味其具有市场主体性。进一步而言，农户知道要素交易市场，在很大程度上只知道市场的称谓，而不知道市场的功能，以及市场对流转的作用。从中可见，对于一项制度认知高与低的判断，采用知道这项制度与否将引起判断的不准确，准确的判断则应通过主体对于制度安排活动的实践，即是否参与了制度安排下的具体活动。

（3）计量结果表明，农户去过林权交易市场对其是否转出林地林木具有显著影响，但对其转出林地林木数量的影响不具有显著性。换而言之，农户去过林权交易市场，知晓流转制度措施，有助于其转出林地林木。但对于转出林地林木的群体而言，其交易多数可能是通过私下流转，而非场内流转完成，因此去过林权交易市场对于其流转没有起到促进作用。

2. 非农收入取得对转出行为的影响

计量模型结果表明，农户非农收入的取得将降低其转出林地林木的意愿，以及减少转出林地林木的数量。该结果验证了假设二中有关非农收入获得将阻碍农户转出林地林木的假设，而有关非农收入获得对于林地林木转出有促进作用的假设被证明为误。通常，农户能取得非农收入，其对于林地林木变现的需求度较低，因而将保留林地林木，而不是选择转出。该结果与非农收入与农地转出的研究成果存在一定差异，即随着农户非农收入的增加，农户倾向于将农地转出（赵阳，2007）。其原由在于，林地林木资源与耕地资源存在属性差异，林地林木不仅是生产要素，同时在自然力的作用下，还具有资产增殖属性，而且增殖的过程与农户的生产投入无根本关联。非农收入比重的提高，将使得农户林地林木转出概率降低，林业生产要素将再次面临配置效率低下的问题。对于选择转出林地林木的农户而言，非农收入比重不具有差异性影响。换而言之，对于这部分农户而言，其非农收入可能不存在差异，或者转出林地林木的数量取决于其他因素。

3. 林业要素禀赋及林业生产投入对转出行为的影响

计量模型结果表明，本章的第三个研究假说只有部分被证实。被证实的假说为：农户林业生产投入较高，即农户从事林业劳动时间越多，则其转出林地林木行为发生概率较小，且转出的数量较少。农户从事林业劳动时间长，意味着林地林木作为生产要素的被重视程度越高，农户保留林地林木进行自行经营的意愿较高，从而更有可能选择不转出林地林木。

未被证实的假说为：农户拥有的林地面积大将有助于转出行为发生，即农户林业要素禀赋与林地林木转出的发生之间无必然关联。在实证调研中发现，农户拥有的林地林木一般都较为分散，少则分为3~5块，多则分为8~10块，甚至有农户的林地林木分为12块。因此，尽管拥有的林地面积绝对数量较大，并不意味着作为转出对象的具体林地面积也较大。但对于选择转出林地林木的农户而言，其转出的林地林木数量与拥有的林地林木数量存在显著关联。

4. 农户家庭状况对转出行为的影响

计量模型结果表示，本章假说四中，只有部分假说通过检验。上学子女数量对农户是否转出林地林木具有显著影响，但对转出林地林木的数量影响不显著。这表明，家庭有子女上学的农户对于林地林木变现的需求度更大。实际上，在我国农村地区，农户的年度收入变动弹性较小，家庭面临大笔支出时，惟有进行借贷，或者变化家庭资产。但就所有转出林地林木的农户而言，所拥有的上学子女数量与差异不大。

在家庭状况中，户主年龄、文化程度对于林地林木流转的影响不具有显著性。农户对于林地林木的观念，与有关土地的传统观念不尽相同。其最有力的解释应为，农户教育文化水平普遍提高，以及对土地收入依赖程度的下降，导致林地林木价值观念的转变，户主年龄已不是影响林地林木流转的主要因素。

家里是否有人当村干部对是否流转不具有显著影响，其主要原因可归结为，在“确权完成”后，农户林地林木流转活动需共同面对新流转制度安排，农户家中有人当干部与否，流转制度产生的作用具有差异性较小。但家里是否有人当村干部对流转数量具有显著影响，则体现了流转制度产生作用仍具有差异性。

六、小　结

（一）结论与政策含义

本章的主要研究结论是：第一，现行流转及生产制度安排对于农户流转行为具有显著影响，表现为农户对制度安排的认知程度。当农户认为采伐指标难以获得时，以及农户去过林权交易市场，那么其转出林地林木的概率更大。第二，农户非农收入比重高，选择转出林地林木的可能性小，且转出林地林木的数量也较少。该结论较非农收入与农地流转的研究结果存在差别，反映了农地与林地的经济属性差异。第三，农户林业生产时间长，将林地林木作为生产要素的重要程度高，转出林地林木的可能性小。第四，在家庭状况类的影响因素中，对于农户是否流转林地林木具有显著影响的因素为上学子女数量。

本章蕴涵的政策含义为：农户流转行为受对现行流转制度和限额采伐制度的认知程度、家庭状况、非农活收入比重、林业生产情况等多重因素影响。为有序推进林地林木流转，管理部门应进一步加大宣传力度，使农户切实了解林权交易市场的作用及功能。面对非农收入比重的提高，不愿意将林地林木转出，并将其作为增殖资产予以搁置，一方面表明农户对林地林木价值形成了正确认识，另一方面则将严重影响林业生产要素的汇集，以及林业生产力水平的提高。随着林业生产经营税费的减免，农户从事林业生产经营活动的积极性有所提高，愿意将劳动时间分配到林业生产活动，而不愿将林地林木转出。就此，管理部门应给予合理引导，促使联合生产等经营模式形成，使得愿意从事林业生产活动的农户趋于集约化和规模化生产，激活林业生产要素。农户家有子女上学，对于其转出行为具有显著影响。由此，制度措施对于保障农户流转中正当权益实现具有必要性，制度措施也应得到进一步的完善。

（二）需要进一步研究的内容

有关农户林地林木流转行为的研究，今后还需在两方面进行完善。第一，关于农户流转行为的影响因素应更加全面。本研究主要基于四个研究假设，对农户流转行为影响因素进行定量分析，得出研究结论。作为部分理性行为人，农户流转行为所受到的影响极有可能超过研究假设中设定的四个方面，尤其是农户受到区域内其他农户流转行为的影响，即农户所处区域的差异性对流转行为的影响。相关数据获取的不全面制约了本章研究将更多的影响因素纳入研究范围，这需要在今后的研究工作中予以弥补。第二，用于分析农户影响行为的样本数量可予以拓展，并对农户行为影响因素的变动予以关注。当前，在农业经济领域中，农户行为相关研究采用的样本数量多在上千个农户，而且都进行长期定点监测，不仅可反映农户行为现状，更可以预测农户行为发展趋势。本章研究所采用的样本规模能满足分析模型对数据的基本要求，然而为了更好的反应经济现象中的一般规律，应在今后的研究中对研究样本予以扩充。此外，可借鉴农业经济研究领域相关做法，开展长期定点监测，获得较为系统的时间序列数据，以动态和持续的开展农户林地林木流转行为研究。

本章研究揭示了农户林地林木转出行为的影响因素，研究结果有助于了解现行制度安排对于农户流转行为的影响，也可为管理部门完善和优化现行制度安排，规范和推动林地林木流转提供决策依据。本研究第七章将从受让方角度，探析受让方主体特征及转入林地林木行为，以进一步揭示流转制度安排效能。

第七章
林地林木转入行为分析

一、引　言

林地林木流转为林地林木产权在不同主体之间的更迭，林地林木收益权主体的变更与之伴生。若转出方具有强烈的转出意愿，流转市场上存在充分的林地林木供给，但缺乏相应的受让方，即林地林木需求不活跃，一方面将导致流转价格的下降，转出方流转收益受损，另一方面将导致流转难以发生，即流转发生率较小。就此，林地林木流转制度安排难以达到预期目的，林权制度改革也难以达到预期目的。

与作为转出方的农户相比，受让方组成群体特殊，既有具备较强商业意识的农户或商贩等个人，也有营林公司、经贸公司等单位。与大部分农户只具有部分理性相比，受让方可被视作具有完全理性。作为理性的经济人，受让方以利益最大化作为行为准则。具体到林地林木流转中，受让方将对可能产生的净收益进行评价，即分别对收益和成本进行考量，以决定是否转入林地林木。就林业生产而言，转入林地林木生产原木，要面临市场、制度、社会等多方面风险。市场风险表现为未来某期与当期的原木价格和供需波动对生产者收益带来的影响；制度风险一方面表现为限额采伐制度导致的未来原木产出受限和收益低下，另一方面表现为政策波动导致的经营稳定性；社会风险则有多方面体现，包括社会对森林用途的选择，以及周边社区发展对林地林木资源的威胁。在林木经营期内，经营者对于风险和收益判断可以通过综合考虑了资金使用风险率和预期收益率的折现率予以代表。就此，受让方是否转入林地林木，则可以通过其转入净收益变动情况予以考量。若设定收益既定，对受让方行为的考量则可通过其成本的变动进行判断。

本章通过比较理论管护费和实际管护费，以探析受让方转入林地行为；通过比较转入活立木生产原木成本与市场购买原木成本，以探析受让方转入活立木行为。本章内容包括：第一，分析了受让方主体特征，即受让方的群体和行为差异性；第二，基于对管护费的分析，探析了林地转入行为，即为什么要转入林地；第三，基于获取原木成本分析，探析了活立木转入行为；第四，总结了本章研究结论。

二、受让方主体及转入行为特征

就江西省遂川、铜鼓、黎川、宜丰、奉新等县的调研结果，可以得出林地林木受让方主要由木材商人、营林单位、本地农户等组成。其中，不同的受让方所转入的林地林木类型各有差异。

（一）农户及其转入行为

就农户转出林地林木行为而言，本研究将农户视为部分理性人，其转出行为受多重因素影响。有关转入耕地的研究表明，农户为追求收入最大化、满足生存和职业兴趣与生活方式的多元目标的动机影响，将形成积极的转入行为态度；过去是否转入过耕地对于当前的转入行为也将构成直接影响；耕地交易费用的存在将阻碍农户转入耕地；农户若拥有的耕地资源禀赋较好，将促进耕地的转入，以扩大生产规模（刘克春，2006）。由于耕地流转市场较林地林木流转市场发育更为充分，耕地与林地在农户获取现金收入方面的差异，农业生产与林业生产面临的制度约束差异，本研究仍将农户视作部分理性行为人。诚然，少数积极参与林地林木转入的农户具有理性程度更高，在参与流转过程中能以实现自身收益最大化作为行为目标。尽管如此，此部分农户仍难以作为一般受让方，诸如与木材商人、营林单位一样参与转入活动。正由于农户在转入市场中的部分理性，其在转入市场上的主体性可能较弱。

参与林地林木围场内流转统计数据表明，无论从转入林地面积和活立木数量，还是流转宗地发生金额角度而言，农户在受让方群体中的比重较小。以遂川县而言，在2006年和2007年两个年度，农户作为场内流转中的受让方仅有2起，且都是成立了私人林场的“造林大户”，仅占流转总数的1%①。为进一步解释为什么在场内流转中，农户难以成为受让方，分别调查了农户、林业管理部门工作人员，得出的原因可归纳为：第一，作为受让方的农户资金小，而场内交易通常涉及的宗地金额大，农户不具备参与场内

① 造林大户为林业生产活动中的特有名词，主要指具有一定生产规模的农户，享受“生产计划单列”优惠，采伐指标获得率较一般农户更高。在不同地方，对生产规模的要求各不相同，如在遂川县，若经营林地面积超过800亩，则被列为造林大户；而在铜鼓县，对生产规模的要求为林地面积在2000亩以上。

流转的条件；第二，农户通常经营规模小，其转入的林地林木多来自自有林地周边地区，以适度提高生产经营规模，从便利的角度，农户选择协议交易，即私下流转，而不是场内交易；第三，选择场内交易，会有流转费用产生，包括农户前往林权交易市场的交通费、食宿费、产权变更登记手续费，因而农户从减少流转成本的角度，进行私下流转。

事实上，针对农户转入行为这一命题，研究人员与管理人员的回答通常迥异。在某村开展的农户访谈表明，该村有多名农户转入同村农户林地林木，以扩大生产规模。模式之一为转入农户直接向转出农户支付林地使用费，即租赁林地进行经营。模式之二为转入农户与转出农户进行联合经营，在生产和销售原木（竹）获取收益时，向转出农户进行分成。上述两种模式都为私下交易，未进入林权交易市场办理产权变更，为管理部门规范对象，农户也因此不愿让管理部门知晓。

（二）木材商人及其转入行为

木材商人是林业生产活动中的一个特殊群体，也可被称作从事木材生产和流通的商人。早在明清时期，江西省婺源木材商人就活跃于江南地区，通过河道进行木材的贩运（李小玲、季坤，2007）。在此次林权制度改革之前，由于木材经营，尤其是木材收购由林业部门下属单位——木材公司完成，木材商人更多起的是搭桥引线的作用，扮演木材公司和森工企业之间的中介。换而言之，木材商人多存在于流通环节，较少参与生产原木的活动。该时期，木材商人多以自然人形式出现。由于木材公司在市场上的垄断地位，以及木材市场的非透明性，木材商人的角色经常遭到诟病。

在此次集体林权制度改革中，活立木作为新型的林业资源得以参与市场流通。以遂川县活立木流转宗数而言，97%的受让方为木材商人，另3%为当地森工企业下属营林公司。在江西省从事活立木流转的木材商人主要来自福建、浙江、江苏、广东等林业产业较为发达的省份。但此时的木材商人较以往自然人身份有所拓展，部分木材商人为木材经销公司法人或职工，即代表木材经营公司来购买活立木；部分木材商人为森工企业的木材供应商，也具有法人身份；也有少数木材商人仍为自然人身份。木材商人不仅参与木材流通环节，还参与生产环节。通常，木材商人转入活立木，雇用当地农民作为劳动力，组织采伐和生产原木，再运输和销售给其所在省份的森工企业。诸如，将在江西省采伐所获的原木运用到福建、浙江等省出售给森工企业。近两年，随着江西省劳动力价格的攀升，木材商人转入活立木生产原木的成本大幅攀升，原本木材商人转入活立木都能获取高额利润的格局不复存在。此外，由于部分木材商人对活立木生产原木出材率估计过高，已经出现多起木材商人亏本事件。由于木材商人来自外地，在采伐指标获取方面不具备优势，更愿意选择场内流转，即购买匹配有采伐指标的活立木，避免限额采伐制度约束造成的经营风险。木材商人较少参与林地流转，这与其流动性、投机性等主体特征相关，也取决于其对限额采伐制度约束的规避。

商人的天性是以持有的资本追逐利润最大化。对于木材商人而言，则是追求既定资本在木材生产和流通环节中的利润最大化。为什么木材商人可以成为活立木的主要受让方，而农户和营林单位等其他主体难以成为主要受让方？一个可能的解释是，当木材商人将既定资本投入活立木的生产经营活动，其获得的利润将高于其他主体。换而言之，木材商人在活立木资源的配置市场上具有比较优势。

（三）营林单位及其转入行为

营林单位，可被称作林地林木经营单位，主要是从事林木经营的组织或公司。在南方集体林区，营林单位的称谓一度为林场，包括“三定”后期出现的国户联营林场、乡镇林场、私人林场等形式。迄今，营林单位类型多样，既有国际大型林业投资公司，国内的社会资本组建的营林公司，也有农户联合形成的股份合作林场等多种形式。诸如，2006 年印度尼西亚金太阳公司投资 1680 万元，在武宁县租赁 3 万亩林地发展高产速生工业原料林。其中，特别值得关注的是由森工企业为保障生产用原料而组建的营林公司。此类营林公司经营目的明确，为森工企业打造原料林基地。

营林单位，包括私人林场、股份合作林场、森工企业下辖营林公司，是此次林权制度改革中的林地主要受让方。其中，森工企业下辖营林公司转入林地数量占绝对比重。以铜鼓县而言，全县在林改期间，共流转 2.13×10^4 hm^2林地，其中约 $6.67\times10^3 hm^2$为江西绿海木业有限公司一家转入。私人林场转入林地的目的为扩大生产规模，获得规模生产效益。股份合作林场转入林地，是其得以建立的基础。在此期间，针对 10 家森工企业的调查表明，其转入林地的主要目的为：建设原料林基地，自行生产原木，以抵御市场价格上升导致的经营风险。就此，本地森工企业之所以较少参与转入活立木，原因可能在于其转入林地生产原木的成本小于较转入活立木生产原木的成本。

按照专业分工的原理，森工企业不应从事营林活动，而应将生产原木的经济活动交由专业营林公司负责。那为什么森工企业还要自行经营营林公司呢？其可能的解释是：第一，由于江西省林业整体发展水平不高，森工企业经营的营林公司具有经济效率；第二，生产成本变动对于森工企业而言是一种较高的经营风险。

三、林地转入行为分析

（一）转入决策依据

在“十五”期间，江西省就林产工业和工业原料林基地建设项目，引入外地资金额度为150多亿元，建立各类商品林业基地达400余万 hm^2，宜春罗宾、抚州大亚、德兴绿野、余江蓝天、青龙高科等一大批具有较大生产规模的林业企业。分析营林公司的转入决策具有重要的现实意义。本节选择森工企业下辖营林公司（以下简称为营林公司）为受让方代表，分析其转入林地行为。

营林公司是否转入林地的决策依据在于：比较转入林地自行生产原木和直接购买原木的成本；若前者高于后者，那么营林公司则有意愿转入林地；反之，营林公司将直接购买原木。若假定转入林地自行生产原木和直接购买原木成本相同，可得出营林公司生产原木中的各项成本及费用的理论值；将理论值与实际值进行比较，若前者大于后者，意味着营林企业生产原木的成本低于直接购买原木的成本，营林企业应转入林地生产原木；反之，营林公司则应直接购买原木。通常，原木生产成本包括土地使用费、造林费和管护费。根据 Faustmann 林价公式的要求，土地使用费和造林费为固定值，可被视为等同社会一般成本，因此营林公司生产原木的成本和费用项中，只有管护费为不固定值。由此，营林公司对于是否转入林地的决策依据可被视作比较管护费理论值与管护费实际值。在既定原木价格水平下，理论管护费与实际管护费的差值越大，受让方获取等量木材所发生的费用较实际发生的费用越少，那么获得的超额利润越大。

在此，选择管护费分析营林公司转入行为，有助于达到以下两个目的：第一，有助于洞察受让方转入林地生产原木的行为。若理论管护费低于实际管护费，那么受让方转入林地生产原木，将尽量减少管护费的发生，即减少营林投入；第二，有助于分析其他生产经营成本对受让方行为的影响。诸如，社会一般成本由具有不同规模的生产单位的成本共同决定，而营林公司实际生产成本可能低于社会一般成本。因此，尽管理论管护费低于实际管护费，营林公司仍有可能转入林地生产原木。

（二）分析模型的构建

管护费公式的推导，将基于第五章推导的无林地和有林地价格公式，推到出无林地理论管护费和有林地理论管护费公式。

（1）不考虑限额采伐制度约束下的无林地理论管护费和有林地理论管护费公式。

不考虑限额采伐制度约束下的无林地公式为：

$$P = \left[\left(\frac{E}{(1+r)^{25}} - C\right)DR - AA\right]D$$

不考虑限额采伐制度约束下的有林地公式为：

$$PF(u) = [(E - C) \times DR \times (1+r)^{u-25} - AA]D$$

由上两个公式可以得出不考虑限额采伐制度等因素影响的无林地理论管护费和有林地理论管护费公式分别如下所示：

$$AA = \left(\frac{E}{(1+r)^{25}} - C\right)DR - \frac{P}{D} \tag{7.1}$$

$$AAF(u) = (E - C) \times DR \times (1+r)^{u-25} - \frac{PF(u)}{D} \tag{7.2}$$

其中，AA 为无林地年度理论管护费，$AAF(u)$ 为有林地年度理论管护费；E 为不包括管护费和造林成本的营林净收益，C 为造林成本；r 为贴现率，u 为转入的有林地林龄；$d = \frac{(1+r)^{30} - 1}{(1+r)^{30} r}$，$DR = \frac{r(1+r)^{25}}{(1+r)^{25} - 1}$；$P$ 为无林地价格，$PF(u)$ 为有林地价格。

（2）考虑限额采伐制度约束下的无林地理论管护费和有林地理论管护费公式。

若考虑限额采伐制度约束，将采伐指标获得率定义为 ρ。增加定义：考虑制度约束下的无林地理论年度管护费为 AAR，有林地理论年度管护费为 $AAFR(u)$。则可得考虑制度约束下的无林地和有林地理论年度管护费公式为：

$$AAR = \left(\frac{ECO}{(1+r)^{25}} - C\right)DR - \frac{P}{D} \tag{7.3}$$

$$AAFR(u) = (ECO - C) \times DR \times (1+r)^{u-25} - \frac{PF(u)}{D} \tag{7.4}$$

其中，$ECO = (IP - PR - FQ - FLT) \times Q \times \rho$，为不包括管护费和造林成本的营林净收益。

基于所推导的公式，采用第五章数据，对理论管护费和实际管护费进行比较，作为受让方林地转入行为的分析模型。若理论管护费高于实际管护费，受让方转入林地的行为在理论上得以成立；反之，受让方在理论上将不转入林地。

(三) 不考虑限额采伐制度约束的转入行为

将第五章相关数据代入公式(7.1)和(7.2),可得不考虑制度约束下的理论年度管护费。详见表7-1。

表7-1　林地理论年度管护费和实际值比较表

类项	理论年度管护费(元/hm²)	实际值(元/hm²)
荒山	451.12	150
5年以下	699.06	150
6~10年	829.17	150
11~15年	1235.41	150
16~20年	1335.76	150
20年以上	2332.35	150

从表7-1可以得出,在既定原木价格前提下,受让方所发生的年度管护费远低于理论值,而不发生的管护费将转为受让方的利润。因而受让方转入林地进行生产原木具有良好的盈利空间,若所生产原木为自用,那么受让方将较好的控制生产成本。该结论也可用作解释森工企业为什么要大量转入林地作为用材林基地。林地理论年度管护费大于实际管护费,意味着林地理论流转价格高于林地实际流转价格,理论值与实际值的差距越大,那么转入林地可获得收益越高。因此,受让方将倾向于转入林分接近成熟林的有林地,以获得更大收益。

(四) 考虑限额采伐制度约束的转入行为

从事林业生产经营活动,面临的风险较多,既有政策风险,也有自然和社会因素影响造成的经营风险。通常,非政策类的经营风险可被视为包含在营林公司所设定的贴现率内。政策风险主要体现在限额采伐制度的约束,若采伐指标获得率较低,那么营林活动有可能收不抵支,作为理性的经济人,营林公司将不转入林地生产原木。

将采伐指标获得率作为衡量政策风险的主要变量,分别假定采伐指标获得率ρ为30%、50%和70%。将第五章相关数据代入公式(7.3)和(7.4)则可得考虑政策风险下的理论年度管护费。详见表7-2。

由表7-2可得,当$\rho=30\%$,所有类型林地的理论年度管护费均为负值,这意味着受让方转入林地后,对于林地管护将不发生投入,即现行原木价格不包含受让方的年度管护费,其营林收益为负值。当$\rho=50\%$,所有林地理论管护费低于实际值,且只有5年以下林龄组林地的理论管护费为正值,营林公司的转入行为等同 $\rho=30\%$ 情形。当 $\rho=70\%$，所有林地理论管护费大于设定值，受让方转入林地自行经营可获得超额利润，具有转入意愿。由此，若受让方认为政策风险较大时，那么其愿意转入林地的意愿将较小；当政策风险预期高到一定程度，在现行流转价格下，受让方将不再转入林地进行原木生产。

表 7-2　考虑政策风险的林地理论年度管护费和实际值比较

单位：元/hm^2

类项 采伐指标获得率	理论年度管护费 30%	50%	70%	实际值
荒山	-187.73	-5.20	177.33	150
5 年以下	-105.71	124.22	354.16	150
6~10 年	-353.31	-15.46	322.39	150
11~15 年	-502.04	-5.63	490.79	150
16~20 年	-1217.12	-487.73	241.67	150
20 年以上	-1418.66	-346.94	724.78	150

上述结果表明，受让方转入林地林木的前提为具有较高的采伐指标获得率。就当前林业生产实践活动而言，只有当地森工企业下属营林公司能满足该前提条件。由此，也不难理解为什么当地森工企业为场内流转中林地的主要受让方。此外，由于营林公司的生产经营活动具有规模效益，其营林成本较社会平均成本更低，理论管护费将高于上表所得结果，因此受让方也可能在 50%~70% 之间的采伐指标获得率水平下转入林地。

四、活立木转入行为分析

（一）转入决策依据

木材商人进行异地销售的原木，可能有三种不同来源。第一，选择购买江西省本地市场上流通的原木，即本地农户、营林公司生产原木；第二，选择转入活立木，自行组织生产成原木；第三，转入林地，自行开展造林、管护，并经过一个轮伐期，来生产原木。上述方式中，第三种方式因为资本回收期长，与木材商人的经济行为属性不相符合。木材商人是否转入活立木的决策依据在于：比较转入活立木生产原木和直接购买原木的成本。若转入活立木生产原木的成本低于直接购买原木的成本，木材商人将转入活立木生产原木，进行异地销售；否则，木材商人可以在当地购入原木，进行异地销售。

当前，发生流转的活立木多为成熟林，流转期限多为1年，也有少量的为2、5年。与转入林地生产原木要进行造林、营林、采伐、销售等多个环节不同，转入活立木生产原木的环节更为简单，仅由采伐、运输和销售组成。相比而言，转入活立木生产原木的成本包括以活立木流转价格支付的活立木购置费、流转交易费、育林基金、检疫费、采运费；而购买原木成本包括以原木价格支付的原木购置费，以及购买中产生的交通等费用。若定义购买原木成本为CT，转入活立木生产原木的成本为CST，可以得出“$CST - CT < 0$”为受让方选择转入活立木的决策依据。

（二）分析模型的构建

在此，针对活立木受让方，推导转入原木和活立木的成本公式，以构建比较分析模型购入原木。首先对相关变量进行定义，详见表7-3。

表7-3 变量定义表

变量名	定义	变量名	定义
CT	购买原木的成本	FQ	检疫费
CST	转入活立木生产原木的成本	FLT	采运费
PT	单位原木市场销售价格	FT	流转交易费用
PST	等量单位活立木流转价格	CRT	原木购买费用
FR	育林基金	ρ	活立木采伐指标获得率

在假定采伐指标足额获得，即$\rho = 1$的情况下，受让方选择购买原木或转入活立木生产活立木的成本公式如公式（7.5）、(7.6）所示：

$$CT = PT + CRT \tag{7.5}$$

$$CST = PST + FR + FQ + FLTI + FT \tag{7.6}$$

仍以限额采伐制度约束作为分析考虑风险时的转入行为。当考虑采伐指标非足额获得，即$0 < \rho < 1$，就与单位原木等量单位活立木而言，受让方获得活立木也仅为部分单位原木，且比值受采伐指标所得率ρ所限。由此，受让方选择转入活立木，其生产原木成本为CST/ρ。在此情况下，受让方的转入行为决策依据与足额采伐指标获得率水平下具有一致性。

将CST与CT进行比较，即比较“$PT + CRT$”和“$PST + FR + FQ + FLTI + FT$”的大小，作为分析木材商人转入活立木行为分析模型。

（三）不考虑及考虑制度约束的转入行为

将第五章相关数据代入公式（7.5）和（7.6），可得不考虑限额采伐制度约束下的转入活立木生产原木成本；加以考虑采伐指标获得率，可得在平均采伐指标获得率水平下的转入活立木生产原木成本。详见表 7-4。

表 7-4　转入活立木生产原木与直接购买原木的成本比较 单位：元/m^3

采伐指标获得率	直接购买原木成本（*CT*）	转入活立木成本（*CST*）
全额获取（$\rho=100\%$）	625	455.71
部分获取（$\rho=37.65\%$）	625	626.89

在表 7-4 所示计算结果中，假定原木市场具有充分供给，不考虑原木购买费用，即 $CRT=0$，可得如下两个结果：

（1）对于受让方而言，若能获得全额采伐指标，则选择直接购买原木的成本大大高于转入活立木生产原木的成本，即受让方愿意转入活立木，生产原木，进行异地销售。其中，全额采伐指标获得率表示木材商人就转入的活立木都可以得采伐需要的采伐指标。

（2）若只能获得场内交易赋予的平均采伐指标率，即 37.65%，那么选择直接购买原木的成本低于转入活立木生产原木的成本，即转入活立木生产原木的成本较直接购买原木的成本高。随着限额采伐制度约束的加强，即采伐指标获得率的减少，直接购买原木的成本与转入活立木生产原木的成本差额将逐渐加大。

根据上述第二个结果，在考虑限额采伐制度约束时，受让方转入活立木生产原木的成本较直接购买原木的成本高，其不具有转入活立木的意愿。然而，活立木流转实际较为活跃，与上文分析存在矛盾。那究竟什么原因导致木材商人转入活立木行为较为活跃呢？在下节中，将进一步分析活立木转入行为。

（四）限额采伐制度约束下的受让方行为解释

在只能获得部分采伐指标的情况下，受让方选择转入活立木生产原木的成本高于直接购入原木，理性的受让方应放弃转入活立木，改为直接采购原木。然而，该推断有悖于活立木流转活跃的现实情况，也违背受让方转入活立木的动机为实现效益最大化主体理性假设。究其原因，可以从采运成本、原木市场、限额采伐制度等三方面进行解释。

（1）当采运成本小于所设定的采运费，自行生产原木成本将下降，使得转入活立木生产原木的选择较直接购买原木具有比较优势。而且采运费只需较小的减少幅度，就能导致转入活立木生产原木的成本低于直接购买原木的成本。鉴于原木生产规模的扩大有助于采运费的减少，若受让方转入的活立木数量较多，且在地理位置分布上较为集中，采运费将得以减少。实际上，在遂川县林权交易市场，以农户作为转出方的活立木流转，受让方转入的多是相互毗邻林地上的活立木。

（2）原木市场充满不确定性，以近乎购买原木的成本转入活立木，有助于规避原木供给不足和原木价格上升引发的生产成本风险。当前，国内木材供需缺口较大，原木需求具有刚性，原木价格呈上升趋势。在某一时点，转入活立木，随着时间的推移，到达另一时点，原木价格上升，但利用活立木生产原木的成本既定，可规避原木价格上升引发的生产成本风险。然而，在某一时点，也可选择购入原木，储备至下一时点，但鉴于原木供给不足，转入活立木为理性的替代选择。

（3）限额采伐制度约束下，转入后采伐指标实际获得率高于流转时的采伐指标获得率。就2006年遂川县的28宗获得部分采伐指标的活立木流转而言，27宗的活立木所有权流转期限为2年，1宗为5年，所拥有的采伐指标实际为第一年指标。由此，活立木受让方可以在第二年再次申请采伐指标，使得转入活立木生产原木的数量增多，收益增加。此外，鉴于在完全获得采伐指标的情况下，转入活立木生产原木的成本大幅低于直接购买原木成本，受让方也可支付不大于两者差值费用购买采伐指标，以保证转入活立木生产和销售原木获得更高收益。

五、小　结

（一）结论与政策含义

本章的主要研究是：第一，林地林木受让方因流转对象差异呈现明显差别。外来木材商人为活立木主要受让方；当地私人林场、森工企业下辖营林公司为林地主要受让方；当地农户（不包括造林大户）也为林地受让方之一，但其转入林地数量较少，且多为私下交易。农户选择私下交易转入林地，既有节省费用、流转便利的考虑，也有受限于资金实力等客观因素，难以参与场内交易。第二，随着限额采伐制度约束的加强，即采伐指标获得率逐渐减少，受让方转入林地的意愿将随之降低。当前，受让方转入林地的前提是拥有一个较高的采伐指标获得率，这符合森工企业下辖营林公司的生产经营活动特点。第三，若不考虑限额采伐制度约束，木材商人具有转入活立木的积极性。若考虑限额采伐制度约束，理论上木材商人将不再转入活立木。然而，由于受让方的采运成本较社会一般成本可能较低，原木价格可能上涨，以及采伐指标获得率可能提高等原因，木材商人具有转入活立木意愿。但由于上述因素的不可确定性，木材商人转入活立木生产原木，并非都能获得收益。

本章蕴涵的政策含义为：流转市场中的受让方主体既有代表社会资本的自然人和法人组织，也有原本就从事林业生产活动的农户、森工企业、营林单位。林地林木流转活动是社会资本参与林业生产活动的途径。资本具有“逐利”的经济特征。只有在具有较高指标采伐获得率的条件下，社会资本才能获得所设定的收益。但对于社会资本而言，该条件并不一定能得到达到。由此，社会资本参与林业生产活动的积极性受到影响，并制约流转活动的推进。如何降低社会资本参与林业生产活动受到的政策风险，是现行制度安排的优化方向之一。确保农户等小规模生产单位其成为林权交易市场内的受让方主体，对于弥补社会资本不足，促使林业生产活动趋于集约化和规模化具有重要的现实意义。如何确保他们成为受让方主体，则成为制度安排的优化方向之二。当前，活立木流转较为活跃。木材商人转入活立木，组织生产原木和异地销售，推动了流转市场的发展。然而，农户保留活立木生产原木，难以获得采伐指标，而将活立木转出，木材商人却能获得采伐指标，表明限额制度中存在不公平等问题。如何确保采伐指标的公平分配，则成为制度安排优化的方向之三。

（二）需要进一步研究的内容

作为理性经济人，受让方转入林地林木的行为在于获得既定的资本回报。由此，受让方转入林地林木后的经营行为，以及收益情况，是有待进一步研究的内容。长期以来，营林活动被认为是一项资本回报率较低的经济活动，难以吸纳社会资本。针对江西省部分营林公司的调研表明，其资本回报率能达到30%左右，林业投资已成为资本回报率较高的经济活动。鉴于这种调研结果不具有统计学上的意义，所以本研究未采纳其用于相关分析。对受让方转入林地林木后的经营行为和收益情况进行进一步研究，将更好揭示受让方的转入行为，以及所受到的制度影响。此类研究将以实证研究为主，所得出的结论也可以用于比较分析理论研究所存在的不足。

至此，本研究利用三章内容揭示了集体林地林木流转对于集体林权制度改革目标的影响，即当前流转能否推动改革目标的实现。在下一章研究中，将关注现行流转市场中存在的政策规制，政策规制形成过程，规制对流转市场的作用，以及规制发展趋势，以进一步分析流转市场现状的形成机理和发展方向。

第八章
林地林木流转中的政策规制分析

一、引　言

集体林地林木流转是一项在现行流转制度和生产经营制度约束下，以流转市场为基础的经济活动。在一个完善的流转市场中，市场机制完全有效，首先，供需双方完全理性，以实现利益最大化作为行为决策依据；其次，存在大量的转出方和受让方，即存在数量众多的供给方和需求方，双方作为生产者、消费者分别展开充分竞争；第三，市场信息充分且对称，有关市场供需数量及价格的情况，转出方和受让方都能从市场上知晓；第四，参与流转的物品产权清晰，明确地属于某一方或某几方，且不存在经济外部性问题；第五，政府对于市场干预较小，其主要功能在于消除市场失灵。

现行林地林木流转市场与一个完善的流转市场存在较大差别。首先，作为供给方的农户并不具有完全理性；第二，市场主体数量与一个完善的流转市场应具备的条件存在较大差别；第三，市场信息不充分，尤其是农户对流转市场的了解程度较差；第四，政府的干预未起到消除市场失灵的作用，反而加剧了市场的不均衡发展。进一步而言，市场机制难以充分发挥作用，导致相应流转问题的产生，具体表现为：农户难以参与场内交易，成为市场主体；部分农户参与场内流转，但获得的流转收益不具有合理性；从农户转出行为影响因素而言，农户对于现行制度缺乏认知，而且随着非农收入比重的提高，农户将倾向于不转出林地林木；就受让方主体和行为特征而言，社会资本参与林业生产活动的有效性受到制约。市场机制的缺陷实则为政策规制的体现，决定了流转市场模式和流转现状。究其深层原因，则在于流转过程中利益相关方为差异性利益目标进行一次或多次博弈。

本章内容包括：第一，基于流转市场主体和管理部门的利益目标分析，探析了政策规制产生于不同利益目标间的冲突和矛盾；第二，从流转市场、农户收益、流转主体行为等角度，探析了政策规制的具体体现；第三，分析了政策规制和林地林木流转的发展趋势；第四，总结了本章研究结论。

二、政策规制的形成

规制一词来源于英文的 regulation，意为以法律、规章、政策、制度来加以控制和制约，产生于市场经济体制国家纠正市场失灵的实践（万志芳，2004）。集体林地林木流转中的政策规制形成可归结为两方面原因：第一，管理部门为确保自身在林地林木流转中的利益目标得以实现，在产权制度的基础上，制定了流转制度，并结合现有的生产经营制度，直接干预了流转市场的建立；第二，市场主体为实现自身利益目标，对制度安排进行回应，影响了流转市场的运行。

（一）管理部门的利益目标

江西省新一轮集体林权制度改革主要沿用了强制性制度变迁模式，各级政府的重视和行政力量的推动使得该省主体改革在4年内基本完成。此次改革中，管理部门既要确保农户的正常权益得以实现，又要激发林业经济活动主体的生产经营积极性，逐步提高林业生产力水平，还要确保集体林地林木生态效益实现问题。由此，管理部门在集体林权制度改革中，包括林地林木流转中，具有多重利益目标。

1. 内部利益目标

管理部门的内部利益目标首先主要在于行业的发展。林业既是一项重要产业，为社会经济发展提供木质和非木质林产品；也是一类关键事业，持续产出生态服务产品，为社会经济可持续发展提供环境支撑。通过集体林产权制度改革，农户成为大部分集体林地和林木权利主体，使得集体林生产经营单位数量快速增加，单位经营规模迅速减小，集约化和规模化生产格局难以形成，制约了资本、技术等生产要素进入林业，使得林业生产力水平难以提高。由于我国林业整体发展水平较低，林业多重功能得以充分实现的前提在于能否走上跨越式发展道路。该目标的实现有赖于短时间内资本、技术、劳动力等生产要素能大量集聚于林业生产活动。当前集体林生产经营单位分散的格局不利于短期生产要素的集聚，有碍于林业发展水平在短期内得以提升。从推动林业作为一个特殊行业的发展角度而言，管理部门具有推动流转发生的意愿和必要性，也因此组建林权交易市场和搭建林权交易信息平台。

管理部门的内部利益目标之二在于提高自身运行效率。近年来，我国政府一直着力于推动政府职能转型，即由管理型政府转变为服务型政府。与此相应，林业管理部门在推动行业发展过程中应更多地发挥服务职能。在该过程中，以现行产权制度、生产经营制度为基础而形成的流转制度能否得以有效运行，直接关系到管理部门能否稳定地提供各项服务，即政府职能能否完好实现，以及管理部门将面临的对象和环境复杂性。在此次改革中，为提高服务质量和运行效率，林业管理部门也进行了机构改革，转变以前既是管理者，又是经济活动主体的双重角色。应注意到的是，机构的改革并非一蹴而就。就改革中出现的主体数量剧增，管理机构极有可能因为无法应对，而使得行业发展受到影响。为此，流转制度使得市场机制只能有限而不是完全发挥作用。此外，为降低管理对象和环境复杂性，尤其是可能存在的林权纠纷隐患，管理部门也对交易模式进行了要求。

2. 外部利益目标

管理部门的外部利益目标首先在于确保农户的林业收益得以充分实现。正如前面多次提到的，此次集体林权制度改革处于我国解决“三农”问题的关键时期。盘活集体林资源，提高资源使用效率，是此次林权制度改革的目标之一。随着“确权到户”，农户林业收益实现方式得以丰富。若将时间作为分析维度，农户获取的一次性流转利益可能低于转出期内分为多次获得的营林收益。因此，保障农户流转收益得以充分实现的考量具有必要性。不仅如此，农户若作为受让方，转入林地林木以扩大生产规模，开展规模经营，将有助于提高林业收益。基于上述考虑，管理部门以保障农户林业收益实现作为出发点，对农户转出林地林木做出了诸多规定。其中，管理部门直接参与运行林权交易市场，就可能加强农户作为转出方的市场主体性。

外部利益目标之二在于保障社会经济发展对林业的多重需求得以同时实现。作为一个特殊行业，林业兼具经济、生态和社会效益。然而，林业的三重效益往往难以同时实现。诸如，加大森林资源的经济利用，有助于为社会提供就业机会，实现其社会效益，伴生资源数量的下降，生态效益的减少。在“三定”时期，由于对盘活集体林资源政策导致的生态效益下降认识不足，改革使得森林资源破坏事件层出不穷。在此次制度改革中，为避免确权到户、农户转出林地林木后，森林资源遭受破坏，林业提供生态服务功能萎缩，管理部门出台了一系列规范流转的措施。与此同时，集体林资源的合理利用不仅有助于促进经济效益的实现，也有助于创造就业机会等社会效益。

综上而言，管理部门的不同利益目标并非完全一致，由此所形成的制度安排内容具有复杂性。一方面，管理部门依靠所颁布的法律和出台的管理办法，对流转程序进行规范，以及对流转模式进行设定，形成了相应的约束机制；另一方面，管理部门通过完善采伐指标分配机制、流转信息平台构建，形成了相应的激励机制。约束机制和激励机制的共同存在成为政策规制的起点。

（二）市场主体的利益目标

市场主体由转出方和受让方组成，转出方包括农户和村集体，而受让方由营林公司、木材商人等组成。与管理部门相比，市场主体的利益目标更为简单，是以实现自身经济收益最大化作为主要目标。

1. 转出方利益目标

作为最大的转出方，农户在流转中的利益目标可以分为：短期利益目标和长期利益目标。农户短期利益目标直接指向当前的流转收益，即农户将拥有的林地林木转出，获取现金收入。农户长期利益目标指向其拥有林地林木的未来收益，即将林地林木作为一项增殖资产，通过经营和管护，在林木轮伐期末进行采伐和销售，获取营林收入。就短期利益目标而言，农户也可能通过交易模式的选择，诸如选择进行私下流转或场内流转，来实现流转收益最大化。为实现长期利益目标，农户将保留林地林木的长期收益权，不将林地林木转出。在林业实践中，农户通过联营、股份合作等方式参与流转，着眼于长期利益目标的实现，保留了林地林木流转后的收益权，从而能获取流转期内的营林收益。本书中农户转出行为影响因素的研究表明，农户是选择实现短期利益目标，还是长期利益目标，取决于农户对现金的需求程度，以及农户对制度的认知程度。

与农户转出林地林木不尽相同，村集体转出林地林木更关注现实利益的实现。第一，解决林权纠纷导致的无法确权到户问题。在此次集体林权改革过程中，尽管大部分的集体林地林木都确权到户，但少量的山林由于无法解决的林权纠纷问题，难以确权到户。就此，村集体将山林转出以获取流转收益，分配于村集体成员。第二，解决由于山林面积过小导致的资源低效配置问题。就部分村而言，土地资源主要以耕地为主，林地面积较效。若进行确权到户，将使得每家林地面积小，林地过于破碎化。为避免林地资源的低效配置，村集体采取转出林地林木的做法。第三，解决村集体收入问题。随着农业税费的减免，部分村公共事业缺乏资金来源。从筹措资金，满足集体公共事业的角度，村集体将林地林木转出。在实现上述三类利益目标时，村集体都需要得到村民大会的批准。

2. 受让方利益目标

就林地的受让方而言，营林公司转入林地的利益目标在于获得稳定的生产原料，降低其母公司从事板材等木制林产品生产的市场风险；农户、私人林场转入林地的利益目标在于扩大生产规模，提高生产效率和降低单位生产成本。上述三类林地受让方转入林地的目的都在于确保长期利益目标得以实现，即保障长期从事林业生产经营活动的收益得以充分实现。考虑到营林过程时间较长，存在的不确定性因素较一般生产活动较多，受让方将以尽量低的价格转入林地。

作为活立木的主要受让方，木材商人转入活立木的利益目标则在于通过生产原木，并在异地出售，获取利润，使得短期利益目标得以实现。与林地的受让方相比，木材商人行为更具有投机性。但木材商人的行为对于盘活活立木资源，提高活立木资源配置效率具有积极作用。

由转出方和受让方组成的市场主体将基于各自利益目标实现角度，参与流转活动，面对政策规制的影响，也将做出回应，进而决定管理部门的利益目标能否得以实现。因此，市场主体基于自身利益目标对管理部门的制度安排进行回应，为政策规制的作用过程。

（三）利益目标的冲突与博弈

在集体林地林木流转始末，管理部门、转出方、受让方的利益目标具有差异性，在各自利益目标实现的过程中相互博弈，形成如图 8-1 所示的关系。管理部门、转出方、受让方两两之间的利益博弈过程，也是政策规制的运行过程。管理部门通过设定制度安排，对转出方和受让方施加影响，转出方和受让方对制度安排做出参与流转或不参与流转回应。对于受让方而言，这种回应实质决定其是否参与林业生产活动，或是否进一步扩大林业生产经营规模。管理部门通过建立林权交易市场，并主导交易市场的日常运行，将部分采伐指标优先赋予参与场内流转的主体，对私下流转予以规范，为流转制度安排的具体内容，着眼于实现保障农户正当权益等多重利益目标。就该制度安排，转出方和受让方的回应则体现为选择场内流转或私下流转。

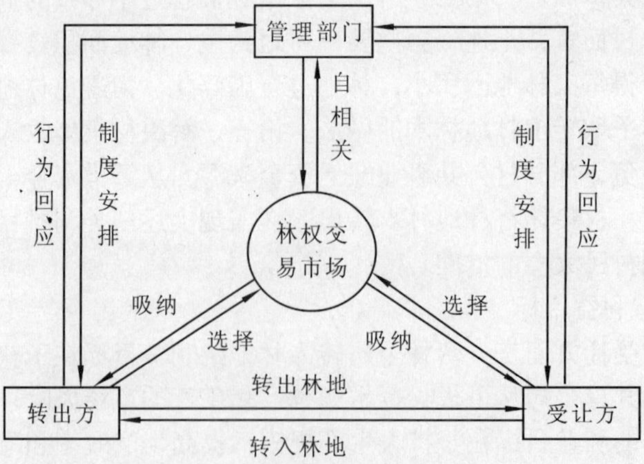

图 8-1　流转市场中的管理部门与市场主体关系图

相比较而言，在集体林地林木流转中，管理部门的利益目标具有复杂性，而市场主体的利益目标更为简单。管理部门的部分利益目标与市场主体利益目标具有一致性，诸如管理部门要保障作为转出方的农户正当权益得以实现，也要诱导受让方转入林地林木成为更具有规模效益的生产单位。但是，转出方与受让方利益目标存在矛盾，即转出方和受让方在流转中的收益存在替代，若转出方利益实现程度高，那么受让方利益实现程度则低，反之亦然。完善的市场机制是调和转出方和受让方之间矛盾的有效手段，但受政策规制的影响，市场机制难以完好发挥作用，转出方与受让方之间的矛盾难以调和。由此可得，管理部门本身的多重利益目标就相互存在矛盾。此外，管理部门的部分利益目标并不符合市场主体的利益目标，诸如管理部门为避免林权纠纷产生的长期利益目标，与转出方的短期利益目标不相一致，即管理部门对流转的规范在某种程度上制约了转出方的利益最大化。据对 29 位林业行政主管部门工作人员的调查①，就“为什么要规范流转”的问题，“有助于引导农户林地林木根据产业发展需要流转”的认同度最高（21 人选择），其次为“确保农户的正当利益”（16 人选择），再次为“私下流转容易引发林权纠纷”（14 人选择），第四为“保障林权交易市场的正常运行”（11 人选择）。

总的来说，管理部门从自身利益目标出发，出台了相应的制度，采取了相应的措施，使得政策规制得以产生；市场主体从自身利益目标出发，对制度和措施进行了回应，为政策制度的运行过程；最终，管理部门和市场主体在流转中的利益实现情况称为政策规制的终点。

三、政策规制在流转中的体现

在集体林地林木流转市场中，现存的政策规制，干预了流转市场机制的运行，扭曲了利益关系，使得市场发育初期的信息不对称、受让方数量过少等市场失灵的负面作用难以消除。

（一）农户难以成为场内流转主体

为保障农户在流转中的正当权益得以实现和避免今后林权纠纷的产生，管理部门建立了林权交易市场，作为推动场内流转的载体，以取代私下流转。就此，农户应进入林权交易市场，选择场内流转，开展规范化的流转活

① 该调查系本研究主体调查中针对林业局从事集体林权制度改革的工作人员所进行的调查，相关调查表见附件。

动，并在流转交易完成后，进行产权变更登记，确保自身正当权益得以完好实现。迄今，私下流转和场内流转为共同存在的两种市场交易模式，农户未完全进入林权交易市场，开展流转活动。农户选择私下流转具有的多重因素如下：第一，对林权交易市场和场内交易缺乏认知，不清楚场内交易的优越性；第二，进入林权交易市场开展流转不方便，场内流转周期长达2个月；第三，选择场内流转有费用发生，为流转标的交易金额的2%；第四，农户拥有的林地林木数量达不到林权交易市场中受让方的需求规模。从上可得，以“场内交易”为主要手段的流传制度安排，未能充分考虑场内交易对农户的适用性，也未能考虑林权制度改革后，农户拥有的林地林木数量特征，以及主体行为特征。在实际工作开展过程中，对于新流转制度安排及其作用的宣传也略显不足，使得农户并未完全获悉市场信息。现行规制不仅决定了农户对流转模式的选择，也将影响农户的未来行为选择。诸如，就“如果流转（再流转）是否会去林权交易市场”的提问（《农户调查表》第25个问题），逾半数农户选择的答案为“否”。若农户是由于交易成本过高而不参与场内流转，那么由政府投入为主、林业行政主管部门为运营单位的林权交易市场的有效运行、公共财政资金的高效使用都将受到挑战。

（二）流转市场中受让方主体不充分

流转制度安排所倡导的场内流转对于农户具有不适应性，为农户进入林权交易市场设置了障碍，使得农户仍选择私下流转。此类政策规制对于受让方同样存在，即进入林权交易市场的受让方多为具有一定生产规模的营林公司、拥有一定资金数量的木材商人，而农户等小规模的经营单位难以成为场内流转的受让方。作为林地主要受让方的营林公司多为本地森工企业下属单位，受让方主体数量受当地木材加工产业发展水平影响程度较高。鉴于江西省的林业产业发展水平不甚发达，各个地方的森工企业数量和规模都较为有限，因此参与场内交易的受让方数量也受到制约。2007年，遂川县场内流转中，林地流转仅有4宗，与受让方主体不充分存在必然关联。外省木材商人为活立木的主要受让方，转入活立木生产原木，销售给其所在省份的森工企业。在采伐指标平均获得率水平下，农户转出活立木所获流转收益不具有合理性，而且现行活立木的流转对于本地林业产业发展并不具有促进作用，难以推动资源优势转为经济优势改革目标的实现。新一轮集体林权制度改革的内生动因为激发林业生产积极性，提高林业生产力水平。由此，为使得林业生产活动趋于规模化和集约化，应将更多的生产经营主体纳入流转市场，成为受让方。换而言之，随着“减轻税费、放活经营”等改革辅助措施的实施，生产单位从事林业生产经营活动所获收益有所增长，生产积极性有所提高，具有通过参与流转，进一步提高扩大生产规模的意愿。然而，受着政策规制的影响，流转市场的运行受到干预，市场主体的活跃程度受到制约。

（三）农户流转收益不具有合理性

在新一轮集体林权制度改革中，农户通过“确权到户”获得了相应的林地使用权和林木所有权，同时也拥有两种收益形式，即流转收益和营林收益。尽管此次集体林权制度改革未解决农户经营林地林木中的收益权实现问题，但农户获得了将林地林木作为资产性资源予以流转的权益。结合考虑限额采伐制度的影响，在平均采伐指标获得率水平下，农户的活立木流转收益不具有合理性；随着采伐指标获得率的提高，农户的林地流转收益从具有合理性逐渐趋于不具有合理性。由此，限额采伐制度对于农户是否参与流转具有重要影响。进一步而言，农户对于经营收益缺乏预期，尽管认为流转收益不具有合理性，仍选择获取流转收益。在实际调研中，调查表中的两个问题对于上述结论给予了佐证：第一，对“您最有可能不流转的原因”的提问（《农户调查表》第 22 个问题），农户选择最多的答案为“有采伐指标”；第二，就“您对林地流转哪方面不满意”（《农户调查表》第 20 个问题），“转出的价格低”为选择最多的答案。在现行流转制度安排下，采取场内交易模式，通过拍卖、投标等形式开展流转，流转过程中的竞争机制得以形成，流转价格得以提高，流转制度基本发挥了有效作用。然而，限额采伐制度规制的存在，不仅成为影响农户流转收益的主要因素，也是影响农户流转行为的因素之一。换而言之，农户知道流转收益不具有合理性，却选择了转出林地，严重地违背了林权制度改革目标之一——保障农户的正当权益得以完好实现。

（四）对农户转出行为影响因素缺乏考虑

农户选择转出林地林木与否的影响因素具有复杂性，游离于市场机制作用范围之外，也难以通过市场机制的完善来影响农户流转行为。随着农户非农收入比重的提高，农户倾向于将林地林木资源作为具有增殖能力的资产，而不是作为换取现金收入的资产性资源，由此将导致市场中的林地林木供给不足，促使流转价格的上升，受让方转入林地林木后的经营收益减少。当流转价格上涨一定幅度后，受让方无利可图，最终将退出流转市场，流转市场也将因此而停滞运转，林业集约化和规模化生产格局终将难以形成。若农户拥有上学子女，那么其转出林地林木的意愿越高，而不顾当前林地林木流转收益是否具有合理性，将影响到今后生存和发展目标的实现，对于社会经济长期稳定发展埋下了隐患。现行制度安排并未对市场失灵给予充分关注，也未对市场失灵可能导致的后果加以考虑。就“农户为什么要流转”问题，林业管理部门工作人员的首选答案是“林业生产周期太长，农户喜欢现实利益”，其次是“林业生产风险比较大，农户喜好变现”，而“缺乏劳动力”、

“缺乏生产资金”和“缺乏技术”排在最后三位。就此，不难发现，无论在制度设计还是制度实施过程中，转出林地林木被认定是农户的必然选择，流转市场运行过程中存在的市场失也因此没有得到重视，流转市场的可持续发展充满了不确定性。

四、政策规制及流转发展趋势

（一）政策规制发展趋势

在集体林地林木流转中，管理部门为确保自身多重利益目标得以实现，将使得政策规制趋于加强。政策规制的首要目的在于应对新制度安排拟消除而未能消除的私下流转及其产生的负面影响。当前，私下流转在多个县都不同程度存在，不仅没有得到有效遏制，而且个别县私下流转的林地林木数量占全县总流转数量的50%左右，挤占了场内流转空间，降低了林权交易市场的运行效率。此外，选择私下流转的流转双方不办理产权变更登记，为今后林权纠纷的产生埋下了隐患，且随着私下流转数量的增多，林权纠纷隐患不断增加，影响到此次林权制度改革核心工作（即“明确产权”）的绩效。

鉴于政策规制的对象是流转主体，政策规制的加强进一步约束转出方的转出行为和受让方的转出行为。由此，加强政策规制的落脚点分别在于对转出方和受让方的行为约束。第一，完善流转制度，拓展现行流转制度的影响范围，将农户作为转出方的流转也纳入场内流转。管理部门组建林权交易市场后，仅对村集体作为转出方的流转活动作出了硬性规定，要求村集体进入场内交易，而未强制要求农户参与场内流转。政策规制加强后，农户作为转出方的流转也将被强行纳入场内流转，而不能再选择私下交易模式。应注意到的是，当前场内流转的标的规模较大，流转标的数量小于流转总量。随着政策规制影响的加大，使得所有的流转都纳入场内流转，将可能导致林权交易市场的崩溃。

第二，加强流转制度与限额采伐制度制度的关联作用，加大对受让方转入行为的约束。针对当前较为活跃的私下流转，部分县采取了更为严格的规范措施，将不进入林权交易市场的流转，尤其是不办理产权变更登记的流转视作不规范流转，受让方不被列入木材生产计划单位，采伐指标的获取受到限制，无法正常进行林木采伐等生产经营活动，也无法转入的林地林木中获取收益。与此同时，将采伐指标进一步分配于参与场内流转的受让方主体，潜在的降低了交易成本过高导致的场内流转参与性不高。

（二）流转发展趋势

面临着政策规制的加强，由农户、营林公司和木材商人组成的流转主体将对制度安排进行再次回应，进而使得流转呈现出多种可能的发展态势。

就农户而言，面对政策规制的加强，针对自身拥有的林地林木有四种可能行为选择：第一，参与流转，但是仍选择私下交易模式。由于受让方转入林地林木后面临的经营风险增大，对收益缺乏预期，只愿支付较低的价格于农户，使得农户获得的流转收益减少，加大了流转收益的不合理性。第二，参与流转，且选择进入场内流转。当前，流转市场尚处于发育起步阶段，农户选择进入场内流转，难以将林地林木成功转出，进而为获取流转收益转为参与私下流转。但随着流转市场的进一步发育，尤其是市场的细化，诸如分为大、中、小三种场内流转交易模式，并对中、小型流转予以程序简化，减少交易费用，却将使得选择场内交易模式的转出方不断增加。第三，不参与流转，自行进行生产经营林地林木，以获取营林收益。第四，不参与流转，将林地林木作为增殖资产予以搁置，花费小额成本进行看护，诸如由家里的老年人负责看护。上述第一、二种选择符合管理部门的希望推动流转的利益目标，但与管理部门的规范流转的利益目标存在明显冲突。第三、四种选择与管理部门利益存在严重冲突，将导致林权制度改革目标无以实现。

对于受让方而言，随着政策规制的加强，其可能的行为选择是：第一，具有一定生产规模的受让方选择进入场内交易，转入林地，进行扩大再生产；第二，具有一定资金实力的受让方选择进入场内交易，转入活立木，生产原木，进行异地销售；第三，生产规模较小和资金实力较弱的受让方减少选择私下流转，不转入林地林木，保持现有生产规模；第四，生产规模较小和资金实力较弱的受让方仍选择私下流转，转入林地林木，扩大生产规模，同时设法获取采伐指标。上述第一、二种选择是当前林权交易市场内的受让方主体行为，有助于主管部门的利益目标实现；第三种选择是政策规制的产物，与管理部门的利益目标存在冲突；第四种选择则使得政策规制失效，但部分符合管理部门的利益目标。

基于上述市场主体对政策规制加强做出的回应，集体林地林木流转将趋于以下几个趋势：第一，选择场内流转的林地受让方在短时间内生产规模得到快速扩展，其转入林地意愿持续下降，林地流转趋于不活跃，管理部门承担的流转成本持续上升，流转市场陷入停滞；第二，选择场内流转的活立木受让方保持转入活立木意愿，赚取生产成本和销售收入之间的差额利润，但可转入的活立木趋于分散，差额利润减少，最终导致活立木受让方转入行为趋于不活跃；第三，农户不愿意参与流转，直接导致流转市场陷于停滞；第四，农户参与私下流转，所获收益的不合理性加强。

五、小 结

（一）结论与政策含义

本章研究的主要结论是：第一，管理部门从自身利益目标出发，出台了相应的制度，采取了相应的措施，使得政策规制得以产生；市场主体从自身利益目标出发，对制度和措施进行了回应，为政策规制的运行过程；管理部门和市场主体在流转中的利益实现情况称为政策规制的终点。第二，集体林地林木流转中，所存在的政策规制，决定了流转市场现状，干预了流转市场的运行，扭曲了利益关系，却没有发挥有效作用，纠正市场失灵，具体体现在流转市场、农户收益、流转主体行为等方面。第三，政策规制呈现出进一步加强的趋势，由此将促使流转主体对新制度安排作出进一步回应，最终导致集体林权制度改革目标难以实现。

本章蕴含的政策含义是：在集体林地林木流转市场发育初期阶段，市场机制不甚完善，政策规制可成为引导市场发育，消除市场失灵的有效干预手段。然而，政策规制不能完全取代市场机制作用。若政策规制的干预违背了市场规律，将使得市场难以得到良好发育，也使得政策规制难以达到预计目的。管理部门在设置政策规制时，不仅要考虑到自身利益目标的实现问题，也要考虑到作为市场主体的利益相关方的利益目标实现问题。其中，将市场主体的利益目标视作自身利益目标的组成部分时，要对市场主体及其行为特征进行较为全面的考虑，减少市场主体与自身利益目标的冲突和矛盾。

（二）需要进一步研究的内容

当前，江西省已经进入集体林权制度改革的配套改革时期，行政力量在制度改革过仍将发挥较大作用。就政策规制呈现出逐步加强的趋势，本研究对集体林地林木流转的发展趋势了预测。流转发展趋势是否与预测结果相一致，则是需要予以进一步研究的内容。其中，尤其需要关注林权交易市场的功能是否得以优化，属性是否发生转变，运行模式是否发生变更，也即政策规制发生作用的平台是否有所变化。实际上，政策规制发展趋势，以及规制下的流转市场发展方向都是值得长期跟踪并具有良好学术价值的研究命题。

总而言之，本章内容揭示了当前流转中存在的政策规制，以及政策规制的形成、体现、发展趋势，研究结论有助于解释流转现状的成因，以及流转发展趋势。基于此，本研究将在下一章提出相应的政策建议，并对研究结论进行归纳。

第九章 结论与展望

本研究基于对国内外相关研究现状的分析，确定了研究视角及主要方法。通过对江西省新一轮集体林权制度改革的分析，得出集体林地林木流转不仅是制度改革的一项内容，而且将影响制度改革目标的实现。在改革进程中，针对集体林地林木流转的各种制度措施得以出来，具体包括《江西省森林资源转让条例》等法规的颁布、管理办法的出台、林权交易市场的组建和林地林木流转程序的确定。在新流转制度规范下，集体林地林木流转呈现出两种市场交易模式并存、发生率较低、流转价格上升等特点。本研究从评价现行流转是否能够推动集体林权制度改革目标的实现角度，回答了以下两个问题：第一，农户流转收益实现问题。即随着确权到户，农户成为现实和潜在的最大林地林木转出方，其在转出林地林木活动中，所获流转收益是否具有合理性？第二，是什么原因使得流转发生率较低呢？即对转出方和受让方而言，是什么原因影响他们的流转行为？此外，本研究从政策规制角度，回答了流转现状形成的原因以及流转的发展趋势。本章将基于前面各章的分析作一简要的总结和分析，归纳出一些基本研究结论，并就对未来制度与政策调整有益的启示作一些讨论。

一、研究结论

（一）集体林地林木流转对于改革目标实现的影响重大

与全国新一轮集体林权制度改革目标相一致，江西省此次林权制度改革着眼于保障农户正当权益、提高林业生产力水平、确保林业生态服务功能完好实现等多种重目的。通过“明晰产权、减轻税费、放活经营”，大部分农户得以实现增收，注入林业生产的社会资本有所增加，进一步提高林业生产力水平则成为改革应着力解决的主要问题。生产力的提高取决于生产要素的合理配置、集约使用和技术进步。生产要素配置效率则取决于要素市场机制是否完善，包括林业部门在内的政府职能部门、基层组织的服务能力。生产要素使用效率的提高与当前生产经营规模的大小有直接关系。为推动生产要素的集约使用，可在产权清晰的基础上，寻求生产要素的流动和不同主体之间多种形式的联合经营，以实现生产单位规模的扩大。随着社会主义市场经济体制逐步完善，市场机制在资源配置中的作用与日俱增，“流转”成为促使林业生产要素汇集、生产规模扩大的有效手段。就此而言，新一轮集体林权制度改革目标的实现，对林地林木流转具有现实要求。换而言之，林地林木流转的开展情况将决定新一轮集体林权制度改革目标能否完好实现。

（二）集体林地林木流转现状反映了现行流转制度安排

现行集体林地林木流转制度安排对流转做了详尽的规定，着眼于促使全省林地林木流转趋于规范化和有序化。政府颁布了法规和出台了管理办法，组建林地林木流转平台，对流转的各个环节作了相应要求，包括严格审核流转主体资格，监督流转协议和合同的签署，督促流转合同实施和产权交割，要求办理产权变更手续，以构建有效的制度框架，确保农户流转正当权益，避免新的林权冲突产生。林权交易市场扮演了第三方角色，对于撮合流转发生具有较大的影响。然而，所构建的流转信息平台运行的有效性如何，即能否吸纳足量的流转双方参与流转活动，直接影响到流转发生金额和转出方流转权益。将部分采伐指标赋予林业部门组建的流转平台，为吸纳流转双方入场交易的诱导机制。现行制度安排对于场内交易的制度设计并未达到预计目标。当农户作为受让方时，农户主要采取私下流转，相关制度效率受到影响，政府所组建的流转平台运行有效性将受到制约。流转发生率不高与集体林权制度改革开展的时间较短有一定关系，更为主要的原因在于现行流转制度安排对于农户关注不够，也未考虑场内交易对农户的适用性。

（三）农户流转收益不具有合理性

森林限额采伐制度对于农户获取营林收益的约束性较强，在难以获得采伐指标，或仅能获取少量采伐指标的前提下，农户保留林地林木自行生产原木所能获得的收益较小，即林业生产性收益率较低。若农户通过转出林地林木资源，可直接获得流转收益，较其自行生产原木能获得更高的收入，从而实现增收。因此，流转在一定程度上盘活了农户拥有的林地林木资源，保障了农户林地林木收益权的实现。然而，农户获取收益并不代表农户获得了合理收益。若将农户获得的流转收入，与能获得足额采伐指标情况下的自行生产原木相比，自行生产原木获得的营林收益较流转收益大幅提高。从这点而言，尽管农户通过流转得以增收，但其流转收益并未得到完好实现。进一步而言，通过将林地林木转出，农户获得一次性现金收入，失去的是林地林木长期收益权。一次性现金收入往往难以支撑长达 30 年的流转期内的生活支出，那么若农户难以获得林业生产活动之外的经济收入，将导致生计问题的产生，集体林权制度改革保障农户正当权益的目标也难以实现。

（四）农户转出林地林木行为受多层面因素影响

农户经济行为非完全理性，其转出林地林木行为受制度认知程度、非农生产活动、林业生产投入和家庭状况等多层面因素影响。在制度认知程度层面，决定农户林地林木转出行为的因素为农户是否认为采伐指标难以获得、是否去过林权交易市场，而非是否知道林权交易市场。在非农生产活动层面，非农收入比重高，农户选择转出林地林木的可能性小，且转出林地林木的数量也较少。在林业生产投入层面，农户从事林业生产时间长，意味着农户将林地林木作为生产资料的依赖程度越高，农户将其转出的可能性小。在家庭状况层面，对于农户是否流转林地林木具有显著影响的因素为上学子女数量，而对于农户转出林地林木数量具有显著影响的因素为家里是否有人当村干部。在上述影响因素中，非农收入和从事林业生产时间对农户转出林地林木行为影响程度较高，且均为负相关。从中可得，农户取得非农收入越高和从事林业生产时间越多，其转出林地林木的意愿越低。

（五）制度约束下的受让方主体行为差异化

林地林木受让方因流转对象差异呈现明显差别。外来木材商人为活立木主要受让方，当地私人林场、森工企业下辖营林公司为大宗林地主要受让方，当地农户（不包括造林大户）也为林地受让方之一，但其转入林地数量较少，且多为私下交易。当不考虑林业生产经营风险，在现行流转价格水平下，以森工企业下辖营林公司为主的受让方具有较高的林地转入意愿。若考虑限额采伐制度约束等经营风险，在现行流转价格水平下，随着对风险预期加大，受让方转入林地的意愿下降，当预期的经营风险高到一定程度时，受让方将不再转入林地进行原木生产。若不考虑限额采伐制度约束构成的经营风险，在当前活立木流转价格水平下，作为木材商人的受让方具有转入活立木的积极性。若考虑限额采伐制度约束构成的经营风险，在当前活立木流转价格水平下，理论上受让方将不具有转入活立木的积极性。然而，由于受让方的采运成本较理论分析中所设定的采运费可能低，原木价格的不确定性，以及采伐指标获得率的可能提高等原因，木材商人实际仍具有转入活立木的意愿。但由于采伐指标获得率的提高具有不确定性，木材商人转入活立木生产原木，并非都能获得收益。

（六）政策规制影响了流转市场发育

集体林地林木流转市场得到了一定程度发育，但市场机制不甚完善。政策规制可成为引导市场发育，消除市场失灵的有效干预手段。然而，政策规制不能完全取代市场机制作用。政策规制的干预违背了市场规律，将使得市场难以得到良好发育，以及现行政策难以达到预计目的。当前，管理部门从自身利益目标出发，制定了流转制度，采取了相应制度措施，使得政策规制得以产生；市场主体从自身利益目标出发，对制度措施进行了回应，为政策制度的运行过程；管理部门和市场主体在流转中的利益实现情况成为政策规制的终点。集体林地林木流转中，所存在的政策规制，决定了流转市场现状，干预了流转市场的运行，扭曲了利益关系，却没有发挥有效作用，纠正市场失灵，具体体现在流转市场、农户收益、流转主体行为等方面。政策规制呈现出加强的趋势，由此将促使流转主体对新制度安排作出相应回应，从而进一步妨碍集体林权制度改革目标的实现。

二、结论的政策启示

自2004年启动至今，新一轮集体林权制度改革才进行了4年，相关制度内容需要进一步完善，这对于集体林地林木流转制度安排以及具体做法也不例外。完善流转制度和具体做法的根本目的在于确保农户正当权益得以实现，并推动林业生产力水平的提高。由此，相关制度安排应对农户流转行为给予更多关注，并引导集体林地林木流转朝有利于林业生产力水平提高的方向发展。具体而言，管理部门在流转过程中的职能有待进一步转变，流转市场机制有待进一步完善，需加快建立中介服务组织，并推动农户合作组织的形成。本研究提出的政策启示如图9-1。

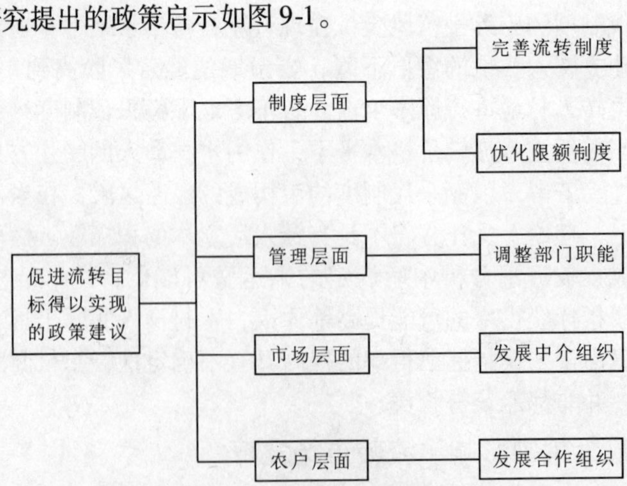

图9-1 政策启示框架图

（一）完善流转制度

在新流转制度安排下，集体林地林木流转市场中存在私下流转和场内流转两种交易模式。私下流转是林业管理部门规范和限制的流转模式，但对于农户具有适用性。在私下流转中，流转双方不办理产权变更登记，可能导致新的林地林木产权纠纷产生。然而，场内流转所涉及的宗地面积和金额都较大，为私下流转的存在提供了生存空间。如何引导私下流转朝有序化方向转变，既是流转市场机制得以完善的关键，也是农户正当权益得到保障的根本。为完善流转制度，当前应允许私下流转和场内流转两种交易模式并存，形成如图 9-2 所示流转市场格局。

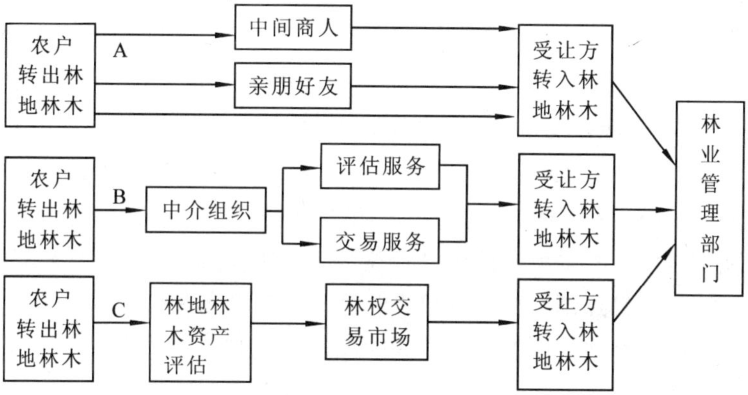

图 9-2　集体林地林木流转市场模式

允许流转市场多种流转模式的存在，既要引导私下流转走上健康和良性的发展道路，以及推动中介服务市场得到发育，也要促使场内流转得到持续发展。对于当前的私下流转，应进一步落实流转规定，强制流转双方办理产权变更登记，以消除未来产生林权纷的隐患。推动中介服务市场的形成，一方面要求管理部门逐步淡化中介服务角色，另一方面则需管理部门引导和规范中介服务组织的发育。

（二）完善林业生产制度

集体林地林木流转并非仅受流转制度安排约束，更受着以限额采伐制度为核心的林业生产制度约束。由于限额采伐制度的约束，农户自行经营林地林木获得的收益较低，因而选择将林地林木转出，但所获得的流转收益并不具有合理性。完善林业生产制度，尤其是采伐指标的分配，不仅关系到农户的流转收益，也关系到农户从事林业生产活动的收益。此外，限额采伐制度也对受让方的转入行为构成影响。当前，江西省所构建的“前置审批、双线运行、两榜公示”做法对于限额采伐制度构建了一个良好的制度环境，但没有解决限额制度的核心问题：采伐指标数量与森林资源状况不对应，可采资源数量远远高于采伐指标数量。如何在森林可持续经营的前提下，盘活可采资源，则是应予以进一步完善的林业生产制度内容。通过调查得知，少数地区农户获取现金收入对于林木销售存在较大依赖，按照获得的采伐指标额度，生产销售原木所得的经营收益难以支撑家庭生活。由此，农户在采伐指标额度之外，采伐原木进行销售。此作法显然有悖现行法律规定，但从维持家庭生活、未造成森林资源破坏两方面而言，该做法具有一定合理性。换而言之，完善限额采伐制度，尤其是适度增加采伐指标额度，具有可行性。

（三）进一步明确林业管理部门职能

随着中共中央、国务院发布《关于全面推进集体林权制度改革的意见》，新一轮集体林权制度改革正在全国全面推进。林业部门出台了集体林地林木流转制度，并采取了组建林权交易市场和规范流转程序等具体措施。在实际流转中，林业部门兼具行政主管部门和中介服务机构双重角色。作为行政主管部门，林业部门负责监督实施限额采伐制度，要求流转应入场交易并办理产权变更登记。作为中介服务机构，林业部门不仅构建了流转交易平台，而且是该平台的运行方。诚然，新一轮集体林权制度改革开展时间较短，政府组织的林权交易市场具有弥补中介组织缺位的功能。但由于林地林木资源情况等主客观因素，场内流转的制度安排对于农户不尽具有适用性。林权交易市场代表林业部门为流转双方提供服务，其运行成本相当一部分为公共资源。对于私下流转而言，流转双方未得到行政主管机关的服务，即公共资源仅用于场内流转，未公平的分配到所有流转双方。具体到林权交易市场而言，林业部门应充分发挥行政管理职能，监督流转的规范性和合法性，审核流转后的林地林木资源利用情况，加大政策宣传力度；其在流转中所具有的中介服务功能应予以淡化，即逐步将组织招标、拍卖活动，撮合流转发生，组织林地林木价值评估等中介服务予以市场化。作为行政主管部门，林业管理部门应继续提供信息发布、产权变更登记等服务，但对于产权变更登记是否应该收费是值得商榷的问题。

（四）发展中介服务组织

在当前林地林木流转活动中，除林权交易市场提供中介服务外，存在一些具有中介服务性质的中间商人。中介服务有助于降低交易成本，弥补流转双方专业知识不足，消除信息不对称，促成流转发生和保障流转双方利益。发展中介服务组织有助于推动林地林木流转，以及政府职能的进一步明确。随着改革的推进，中介服务组织应逐步承担流转林地林木价值评估、撮合交易等服务功能。中介服务组织的发展，包括多家林地林木价值评估机构、流转代理公司的建立，将使得中介服务市场出现竞争，打破一家垄断格局，以确保流转双方获得更好的服务。发展中介服务组织也将营造“谁收益、谁付费”格局，避免公共资源使用于部分社会公众。当前，流转中所出现的中间商人，多数从受让方处获取收益，实则为受让方的代理人，难以确保转出方获得合理收益。因此，在发展中介服务组织时，应对其予以制度规范，避免利用信息不对称等条件提供不利于流转双方的中介服务，即应确保中介组织的第三方角色。就此，可建立中介服务组织资格准入制度和考核制度，以确保其具有必要的服务能力，并监督其所开展服务的质量。

（五）推动农户合作组织形成

随着江西省集体林权制度主体改革的基本完成，林业生产单元数量的剧增和生产规模的减小成为不争的事实，使得林业管理部门的管理难度有所加大。建立农民合作组织有助于实现生产要素的汇集和生产规模的扩大，也有利于林业管理部门开展管理工作。农户选择私下流转的一个重要原因是其拥有的林地林木数量难以达到场内交易的要求。因此，若农户所拥有的林地林木数量较少和分布较为分散，在林地林木流转中只能拥有有限的选择权，从而在流转中处于不利地位。通过建立合作组织，将使得多个小规模生产单元成为一个大规模生产单元，突破有限选择权的禁锢，确保自身正当权益的实现。农户合作组织可采取股份制林场模式，不同农户依据所拥有的林地林木数量进行入股合作，选择某一农户作为负责人，组织生产经营，按各农户投入劳动力和股份数量进行分红；或进行统一流转，按各农户股份数量分配流转收益。就农户合作组织的形成，林业管理部门应会同村委会等农村基层组织，给予引导，并提供必要的技术和政策扶持。

三、研究创新之处、不足与研究展望

（一）创新之处

（1）在研究内容上，本文通过实证研究，得出了农户流转收益是否具有合理性，农户转出行为的影响因素，受让方的行为差异，从而揭示了流转对林权制度改革目标实现的作用。从国内外研究现状而言，尚未有学者对上述问题进行实证研究，因此在研究内容上具有一定的新颖性。

（2）在研究视角选择上，本文以集体林权制度改革中的林地林木流转作为研究对象，紧密关联了我国农村经济体制改革的又一新生事物，选择了从农户流转收益、流转主体和行为特征、政策规制等角度来分析流转开展的好坏。在相关研究领域中，上述研究视角较为新颖。

（3）在研究方法运用方面，本文选择了回归分析等量化分析方法，研究了农户流转行为影响因素；通过运用福斯特曼公式，推导了合同期与轮伐期不相同的林地价格公式，并构建了流转收益合理性定量分析模型；针对受让方转入林地行为，采用了管理费作为分析依托。上述研究方法的运用有助于为今后该领域研究提供方法借鉴。

（4）在研究结论方面，本文得出：农户流转收益未得到良好实现、农户难以参与场内流转、农户非农收入的增加将减少流转的发生、流转市场内主体不充分、政策规制干扰了市场机制发挥完好作用等主要分析结果，可概括为现行流转难以推动林权改革目标的实现。

（二）研究不足及需进一步研究内容

受限于研究时间及研究能力等主客观因素，在研究的深度、研究内容的取舍、数据收集、变量计算等方面存在一些局限和不足，有待进一步的研究探讨。

（1）对于流转与林业产业发展的关系缺乏研究。对于森工企业下属林场，其转入林地林木作为原材料基地，有助于推动林业产业发展。林业产业是否得到发展也是衡量林业生产力是否得到提高，林业生产要素是否得到集约使用的标准。对于流转与林业产业发展关系的研究不足，也使得对受让方的行为分析略显单薄。这需要在以后的研究工作中予以弥补。

（2）对于流转后林地林木经营状况缺乏分析。正如本文研究目的中提出的，流转目的之一在于汇集生产要素，实现集约化和规模化经营。对于流转后林地林木经营状况缺乏分析，难以区别转入行为是投机行为，还是扩大再生产行为，减弱了对于转入方的行为判断，也难以客观评价流转制度绩效。在今后的研究工作中，应将此方面的研究细化，以得出更为科学的研究结论。

（3）对私下流转的研究不足，尤其未能分析农户选择私下流转的收益实现问题。私下流转是农户选择的另外一种流转模式。对于该模式下农户流转收益的实现问题分析不足，使得对流转收益合理性的分析不甚全面，也制约了流转制度措施有效性的分析。由此，应将私下流转模式，以及农户选择该模式的流转收益实现问题作为进一步研究内容，以使得研究更为全面。

（4）研究方法的运用存在局限，主要在样本选择方面。本研究选择的样本县均为江西省新一轮集体林权制度改革试点县，其集体林权制度改革开展较好，在代表性方面略显不足。由于农户样本数量较预计小，所以未区别分析农户转出林地和活立木行为，而实际上农户转出林地或活立木行为仍存在一定差异。因此，在今后研究中，应考虑增加样本数量，区分林地和活立木流转，使得研究结论更能体现一般规律。

附件一：农户情况调查表

一、家庭基本信息

1. 人口数量：　　　　　　　，其中：劳动力数量：

2. 家长年龄：　　　　　　，家长文化程度：（1 = 小学以下；2 = 小学；3 = 中学；4 = 高中及以上）

3. 是否有人担任村干部：□1 = 是　　　　　　　　□0 = 否

4. 家里是否有人上学：□1 = 是（小学　　名，中学　　名，大学　　名）　　□0 = 否

5. 耕地面积（亩）：　　　　　　　　林地面积（亩）：

二、2007 年度收入及支出情况

6. 家庭的主要收入来源及金额（元）

项 目	金 额	项 目	金额
粮食收入		用材林经营收入	
畜牧业		经济林经营收入	
竹林经营收入		林地流转收入	
渔业收入		打工收入	
工资收入		政府补助等其他收入	
家庭总收入：			

7. 家庭主要支出情况（元）

项目	金额	项目	金额
生产资料		文化教育	
食品		其他必需品（家电等）	
服装		请客送礼	
燃料		税收、体统、摊派	
医疗卫生		贷款利息	
赡养老人		盖房等固定资产支出	
家庭总支出：			

8. 劳动力时间分配：

	农业	林业	外出务工	上班	其他	合计
人数（人）						
天数（天/人）						
合计（天）						

三、集体林权制度改革情况

8. 对村里林子分配状况是否满意？	1 = 满意　2 = 基本满意　3 = 不满意（说明）4 = 无所谓
9. 您可以随便使用您家的林子吗？	1 = 是　2 = 否（说明）
10. 申请采伐指标是否容易？	1 = 是　2 = 否（说明）
11. 申请采伐指标批准情况？	1 = 全部批准　2 = 部分批准　3 = 没批准
12. 村里近 10 年是否进行过山林调整？	1 = 是　2 = 否　3 = 不清楚

四、林业及林业生产经营情况

13. 林地数量	块	自留山	块	责任山	块
14. 林地面积	亩	自留山	亩	责任山	亩

15. 自己经营的收入比林地流转出去要高？	1 = 是　2 = 不是
16. 您家是否有林地流转？	1 = 有（选该项进入 19）　2 = 无
——不流转的原因	1 = 价格；2 = 祖业山；3 = 自己经营收益更高；4 = 转不出去；5 = 不知道是否能够流转
17. 您家是否有活立木流转？	1 = 有（选该项进入 19）　2 = 无
——不流转的原因	1 = 价格；2 = 祖业山；3 = 自己生产原木销售收益更高；4 = 转不出去；5 = 不知道是否能够流转
18. 您家是否有木材销售？	1 = 有（选该项进入 19）　2 = 无
——不销售的原因	1 = 价格；2 = 没有采伐指标；3 = 卖不出去；4 = 林子没成熟
19. 您对林地林木流转满意吗？	1 = 满意（选 1 进入）；2 = 不满意（选 2 进入 21）

（续）

20. 您对林地流转哪方面不满意？	1＝费时间；2＝找买主难；3＝流转手续太麻烦；4＝流转花销的费用太高；5＝转出的价钱低；6＝其他
21. 为什么要流转？	1＝不流转没收入，流转有得收入；2＝自行经营成本太高； 3＝申请不到采伐指标；4＝缺乏劳动力；5＝缺乏资金； 6＝缺乏技术；7＝担心政策有变；8＝担心别人偷盗； 9＝担心市场风险；10＝其他
22. 您最有可能不流转的原因？（选三个）	1＝自行经营成本降低；2＝有采伐指标；4＝有劳动力； 5＝有资金；6＝有技术；7＝政策不变；8＝没人偷盗； 9＝林木价格还上涨
23. 流转发生的费用有哪些？	1＝去交易市场的车费；2＝通讯费；3＝交易市场收的交易费用；4＝其他费用
24. 是否知道林权交易市场	1＝是　2＝否
25. 是否去过林权交易市场	1＝是（　　次）　2＝否（说明）
26. 如果流转（再流转）是否会去林权交易市场	1＝是　2＝否（说明）

27. 林地及流转信息

地块	林地类型	面积（亩）	经营方式	资源状况	林种类型	造林投入	主要树种	流转比例	流转期限	成交额	支付形式	交易形式	总交易费用	转入方

类型代码:1 = 自留山,2 = 责任山,3 = 谁造谁有,4 = 租赁,5 = 承包,6 = 继承,7 = 受赠,8 = 转入,9 = 竞拍所得(按所占比例计算),10 = 其它(请注明)

经营方式:1 = 自主经营; 2 = 联户经营; 3 = 租赁; 4 = 转让;5 = 其它　　资源状况代码:1 = 中幼林　2 = 近熟林 3 = 成熟林 4 = 荒山　5 = 更新迹地　6 = 其它

是否进行过造林:1 = 是,2 = 否　　林种类型代码:1 = 用材林,2 = 竹林,3 = 经济林,4 = 生态公益林,5 = 其它(请说明)

交易形式:1 = 自行上林权交易市场;2 = 通过其他人上林权交易市场;3 = 木材商人上门收购;4 = 其他

支付方式:1 = 逐年支付;2 = 一次性支付;　　转入方:1 = 同村农户;2 = 其他村农户;3 = 私人林场;4 = 营林公司;5 = 商人

28. 活立木流转数量及面积:　　　　方;涉及林地面积　　　　亩;

29. 流转方式: 1 = 自行上林权交易市场;2 = 通过其他人上林权交易市场;3 = 木材商人上门收购;4 = 其他

30. 活立木转入方:1 = 同村农户;2 = 其他村农户;3 = 私人林场;4 = 营林公司;5 = 木材商人

附件二：村调查表

一、村基本情况

1	村组名称： 联系人：		
2	距县城距离	公里	
3	户数	户	
4	人数	人	
5	劳动力数量	人	
6	外出打工人员数量	人	
7	2006 年人均纯收入	元	
8	2007 年人均纯收入	元	
9	商店个数	个	
10	诊所个数	个	
11	学校个数	个	
12	企业个数	个	
13	竹木加工企业个数	个	

二、土地现状

14	耕地面积	亩	
15	平地面积	亩	
16	坡地面积	亩	
17	水田	亩	
18	旱田	亩	
19	有林地面积	亩	
20	用材林面积	亩	
21	经济林面积	亩	
22	竹林面积	亩	
23	宜林荒山面积	亩	
24	村经营林地面积	亩	
25	农户经营林地面积	亩	
26	自留山	亩	
27	责任山	亩	
28	承包经营面积	亩	
29	法人单位经营面积	亩	
30	法人单位个数	亩	
31	林场个数	个	
32	股份、股份合作经营	亩	

三、林改情况

33	林改时间	年
34	是否有村林改领导小组	1 = 有　　2 = 无
35	林权改革方案如何通过？（多选）	1 = 村两委通过就行；2 = 村两委通过，征得上级政府同意； 3 = 村民代表大会 2/3 代表通过；4 = 村民大会 2/3 村民通过， 5 = 其他（说明）
36	村将林木分给农户的方式	1 = 按人头；2 = 竞标；3 = 以前自己造的林子； 4 = 没具体方式，农户愿意来承包就行， 5 = 其他（说明）；6 = 按劳动力
37	期限如何确定	1 = 固定，2 = 轮伐期，3 = 其他（说明）
38	期限是多少年	年
39	将集体林地分配给村民是否收费	0 = 否；1 = 是
40	收费方式：	1 = 获得采伐收入后按比例收取；2 = 直接按亩收取
41	农户是否有权将林地转作农地	1 = 有；2 = 无
42	农户是否有权将承包来的林地转种其他林种吗，如在用材林上种经济林或竹林	1 = 有；2 = 无
43	在不改变林种的情况下，农户是否有权决定用什么树种	1 = 有；2 = 无
44	农户是否有林下资源经营利用的权利	1 = 有；2 = 无
45	农户是否有权将林地或林木作为抵押	1 = 有；2 = 无
46	农户是否有权将林地转给本村的其他村民	1 = 有；2 = 无
47	农户是否有权将林地转给外村的其他村民吗	1 = 有；2 = 无
48	你村进行林权改革的原因（列出认为最重要的3个原因，请排序）	1 = 增加集体收入；2 = 增加农民收入；3 = 提高森林资源数量； 4 = 提高森林资源质量；5 = 减少乱砍乱伐； 6 = 上级政府要求；7 = 村民要求；8 = 其他（请说明）
49	村民是否知道林权证的作用	1 = 有；2 = 无
50	村民是否知道木材价格	1 = 有；2 = 无
51	林改前后木材盗伐变动情况	1 = 增加；2 = 减少；3 = 不变；4 = 不好说

（续）

52	农户是否有采伐权	1 = 有；2 = 无
53	农户是否能申请到采伐指标	1 = 有；2 = 无
54	2007 年采伐指标数量	方
55	2007 年申请户数	户
56	获得采伐指标户数	户
57	如何进行采伐	1 = 农户自行；2 = 农户联合；3 = 村组织（收费标准：　　　）； 4 = 乡组织（收费标准：　　　）；5 = 林业局组织（收费标准：　　　）；
58	是否有农民组织	1 = 有（　　　　　）；2 = 无
59	是否有林业合作组织	1 = 有；2 = 无

四、林地流转情况

60	村里是否有人流转林地	1 = 有；2 = 无
61	林地流转户数	户
62	村里是否有人流转活立木	1 = 有；2 = 无
63	活立木流转户数	户
64	有林地流转面积	亩
65	乔木林	亩
66	经济林	亩
67	竹林	亩
68	活立木流转面积	亩
69	活立木流转蓄积量	方
70	林地流转价格怎么确定	1 = 村民自行商议；2 = 村组指导商议；3 = 林业局评估确定； 4 = 拍卖确定；5 = 其他；
71	你村对林地和林木的资产评估有哪些人员参加？(多选)	1 = 村两委；2 = 村党员代表；3 = 村民小组长；，4 = 林业部门； 5 = 乡镇；6 = 村民代表；7 = 其他（说明）
72	流转主要方式	1 = 租赁；2 = 转让；3 = 股份合作；4 = 联合经营；5 = 其他
73	主要租赁方	1 = 外来公司；2 = 外村农户；3 = 本村农户；4 = 其他
74	转让主要转入方	1 = 外来公司；2 = 外村农户；3 = 本村农户；4 = 其他
75	林地流转需要的费用高吗？	1 = 高；2 = 不高；3 = 低；　4 = 不好说

（续）

76	村民是否知道林地流转的程序	1 = 有；2 = 无
77	村民流转林地后收入变动情况	1 = 增加；2 = 减少
78	村民是否有用流转后林地进行抵押贷款	1 = 有；2 = 无
79	抵押贷款人数及金额	1 = 人数　　　　；2 = 金额
80	林地流转的费用（请列明费用组成）：	
81	林地流转的程序（请列明流转程序）：	

附件三：林业管理部门工作人员调查表

1. 集体林权制度改革动因？
   A. 上级的指示安排
   B. 农业改了，林业也要改
   C. 不改，农户的正当权益没法保障，影响生产积极性
   D. 不改，林业生产缺乏社会资本注入，发展没有后劲
   E. 不改，林业生产水平难以提高
   F. 改革能促进林业部门管理水平的提高
   G. 其他原因
2. 此次“确权到户”后，会有林权制度的变化吗？
   A. 应该会有　　B. 不会有　　C. 不好说
3. 农户在“确权到户”中，得到正当的权益吗？
   A. 完全得到了　　B. 部分得到了　　C. 不好说　　D. 没有得到
4. “确权到户”后，农户生产积极性有提高吗？
   A. 都有　　B. 多数有　　C. 少数有　　D. 基本没有
5. 为什么要“规范流转”？
   A. 私下流转容易引发林权纠纷
   B. 农户正当利益得不到保证
   C. 能帮助农户提高流转发生率
   D. 有助于引导农户林地林木根据产业发展需要流转
   E. 保证入场交易，保障林权交易市场的正常运行
   F. 其他
6. 现在私下流转多吗？
   A. 没有了　　B. 很少
   C. 少数　　D. 较多（选此项进入8）
7. 现在林地流转活跃吗？
   A. 不活跃　　B. 基本活跃　　C. 活跃
8. 现在活立木流转活跃吗？
   A. 不活跃　　B. 基本活跃　　C. 活跃
9. 转出林地林木的农户得到了合理的收益吗？
   A. 得到　　B. 基本得到　　C. 没得到　　D. 不好说

10. 农户为什么要私下流转？
   A. 不知道要素交易市场
   B. 林地林木数量少，在要素交易市场无法流转
   C. 私下流转方便
   D. 其他
11. 农户为什么要转出林地林木呢？
   A. 林业生产周期太长，农户喜欢现实利益
   B. 林业生产风险比较大，农户喜好变现
   C. 需要现金
   D. 流转比自行生产收益更高
   E. 缺乏劳动力
   F. 缺乏生产资金
   G. 缺乏技术
12. 限制农户流转的因素？
   A. 农户文化程度太低，不知道可以流转
   B. 农户文化程度太低，找不到转入方
   C. 农户地理位置远，不方便来要素交易市场
   D. 农户林地面积太小，不愿意来交易市场
   E. 农户林地面积太小，没人愿意转入
   F. 农户的林木未达到流转要求
   G. 农户要求的流转价格太高
   H. 农户所在村的限制
   I. 其他
13. 受让方为什么要转入林地林木？
   A. 可以赚到差价
   B. 作为原料基地，减少生产风险
   C. 其他
14. 受让方转入活立木受否一定能盈利？
   A. 完全可以　　B. 基本可以
   C. 大部分可以　　D. 小部分可以
15. 转入方能充分认识林业生产的风险吗？
   A. 完全可以　　B. 基本可以
   C. 大部分可以　　D. 小部分可以

16. 流转工作中存在的问题？

A. 没什么问题

B. 流转办理时间太长

C. 流转工作成本太高

D. 农户地块分散，不好流转

E. 社会资本不活跃，转入方少

F. 资产评估工作不规范

17. 是否应该加快流转？

A. 不是　B. 是　C. 不好说

18. 下一步流转完善方向？

A. 加大宣传力度　B. 上门服务

C. 给农户报销车费　D. 提高评估能力

E. 减少流转费用

附件四：受让方调查表

1. 受让方性质

   A. 森工企业　　　　　　B 造林大户

   C. 农户（a. 本村　b. 其他）

   D. 营林企业（a. 森工企业下辖营林企业　b. 私有林场　c. 股份合作林场）

   E. 木材商人

2. 是否有专人负责林地林木转入工作

   A. 有　　　　　　　　B. 没有

3. 转入林地后，若自行开展生产经营，有多少工作人员：＿＿＿＿人

4. 林改期间（2004~2007年），共转入的林地数量：＿＿＿＿＿＿亩

5. 林改期间（2004~2007年），共转入的活立木数量：＿＿＿＿＿方

6. 截至2007年底，自营林地面积：＿＿＿＿＿亩

7. 为什么要转入林地？（有林地转入者填写）

   A. 做原料林基地，自行生产木材，成本更低

   B. 好再转让

   C. 做原料林基地，自行生产木材，减少价格上升导致的市场风险

   D. 其他

8. 为什么要转入活立木？（有活立木转入者填写）

   A. 组织生产原木，比购入原木成本低

   B. 好再转让

   C. 组织生产原木，再销售，可获得利润

   D. 其他

9. 转入林地生产的原木能满足年度木材需要的比例：＿＿＿＿＿%（森工企业下辖林场填写）

10. 转入活立木生产的原木能满足年度木材需求的比例：＿＿＿＿＿%（森工企业下辖林场填写）

11. 您认同您的营林技术比农户高，生产成本比农户低的说法吗？

    A. 认同　　　　B. 不认同　　　　C. 不好说

12. 您认同您的生产规模比农户高，生产成本比农户低的说法吗？
A. 认同　B. 不认同　C. 不好说
13. 您认为农户将林地林木流转出来的主要原因是什么？
A. 林业生产周期太长，农户喜欢现实利益
B. 林业生产风险比较大，农户喜好变现
C. 需要现金
D. 流转比自行生产收益更高
E. 缺乏劳动力
F. 缺乏资金
G. 缺乏技术
14. 您认同农户流转出林地林木收益比他自行经营要高？
A. 认同　B. 基本认同　C. 不认同　D. 不好说
15. 您认为现在林地林木流转开展的好吗？
A. 好　B. 不好说　C. 不好说
16. 您认为现在林地林木流转开展的好体现在那几个方面？
A. 可以转入活立木　B. 转入林地林木的手续更方便
C. 交易市场流转费用更低　D. 转入林地林木的数量更大
E. 转入价格合理　F. 其他
17. 您认为现在的林地林木流转开展的不好体现在那几个方面？
A. 转入林地林木的手续麻烦　B. 流转费用太高
C. 林地太分散，不好流转　D. 流转价格偏高
E. 其他
18. 转入林地需发生费用种类：
A. 评估费　B. 要素交易市场手续费　C. 拍卖费
D. 人工费　F. 其他费用
19. 转入林地发生费用占转入价格比例：________%
20. 转入活立木需发生费用种类：
A. 评估费　B. 要素交易市场手续费　C. 拍卖费
D. 人工费　F. 其他费用
21. 转入活立木发生费用占转入价格比例：________%
22. 您担心现在的集体林权制度有变化吗？
A. 不担心　B. 担心　C. 担心没有用

附件五：林权交易市场及场内交易调查表

一、林权交易市场情况

1	中心名称	
2	建立时间	
3	主要工作	
4	建设资金：　　　　；建筑面积：　　　　；资金来源：　　　　。	
5	是否编制单位	
6	人员数量	位

二、林地流转情况

序号	类项	单位	2006 年	2007 年
7	交易金额	万元		
8	交易宗地	件		
9	交易面积	万亩		
10	荒山交易宗数	件		
11	荒山交易面积	万亩		
12	荒山交易金额	万元		
13	用材林交易宗数	件		
14	用材林交易面积	万亩		
15	用材林交易金额	万元		
16	经济林交易宗数	件		
17	经济林交易面积	万亩		
18	经济林交易金额	万元		
19	竹林交易宗数	件		
20	竹林交易面积	万亩		
21	竹林交易金额	万元		
22	协议转让宗数	件		
23	协议转让金额	万元		
24	林农协议转让宗数	件		

（续）

25	林农协议转让金额	万元		
26	村组协议转让宗数	件		
27	村组协议转让金额	万元		
28	拍卖宗数	件		
29	拍卖金额	万元		
30	林农拍卖宗数	件		
31	林农拍卖金额	万元		
32	村组拍卖宗数	件		
33	村组拍卖金额	万元		
34	租赁宗数	件		
35	租赁金额	万元		
36	林农租赁宗数	件		
37	林农租赁金额	万元		
38	村组租赁宗数	件		
39	村组租赁金额	万元		
40	股份合作宗数	件		

三、流转林地抵押贷款情况

序号	类项	单位	2006 年	2007 年
41	林地抵押贷款宗数	件		
42	林农抵押贷款宗数	件		
43	公司抵押贷款宗数	件		
44	抵押贷款林地面积	万亩		
45	林农抵押贷款面积	万亩		
46	公司抵押贷款面积	万亩		
47	林地抵押贷款金额	万元		
48	林农抵押贷款金额	万元		
49	公司抵押贷款金额	万元		

四、林地流转收费标准

序号	类项	单位	2006 年	2007 年
50	林地评估费标准	%		
51	林地交易手续费标准	%		
52	其他费用 1			
53	其他费用 2			
54	其他费用 3			
55	其他费用 4			

五、林地流转工作收入和成本

序号	类项	单位	2006 年	2007 年
56	林地流转工作收入	万元		
57	交易评估费	万元		
58	手续费	万元		
59	其他 1	万元		
60	林地流转相关工作支出	万元		
61	其他 1	万元		

附件六：专家调查表及影响因素变量赋值结果

尊敬的专家：

您好！

由于研究工作需要，希望能够得到您的帮助，以确定农户林地林木流转影响因素。请您对下面所列变量对林地林木流转的影响程度予以赋值。其中，5 代表影响程度高，4 代表影响程度较高，3 代表影响程度一般，2 代表影响程度较差，1 代表影响程度差。

谢谢！

北京林业大学集体林权制度改革课题组

影响因素变量	赋值	得分
制度认知程度类		
申请采伐指标容易	□1 □2 □3 □4 □5	90
是否知道林权交易市场	□1 □2 □3 □4 □5	84
是否去过交易市场	□1 □2 □3 □4 □5	74
是否会用交易市场电子屏幕	□1 □2 □3 □4 □5	52
是否申请过采伐指标	□1 □2 □3 □4 □5	48
非农生产活动类		
家庭非农劳动收入比值	□1 □2 □3 □4 □5	85
家庭非林劳动收入比值	□1 □2 □3 □4 □5	82
家庭非农劳动人数	□1 □2 □3 □4 □5	58
林业资源禀赋及林业生产投入类		
林业生产时间比值	□1 □2 □3 □4 □5	83
林地面积	□1 □2 □3 □4 □5	78
林地地块数量	□1 □2 □3 □4 □5	58
林种结构	□1 □2 □3 □4 □5	36
家庭状况类		
上学子女数	□1 □2 □3 □4 □5	80

（续）

影响因素变量	赋值					得分
户主受教育水平	□1	□2	□3	□4	□5	78
家里是否有村干部	□1	□2	□3	□4	□5	75
户主年龄	□1	□2	□3	□4	□5	68
家里是否有人生病	□1	□2	□3	□4	□5	55
家里劳动力数量	□1	□2	□3	□4	□5	59
家庭性别比例	□1	□2	□3	□4	□5	34

参考文献

1. 艾建国．对稳定和完善农村土地承包关系的若干思考［J］．中国农村经济，2000，(12)：7~12
2. 艾文胜，欧日明，杨明，吴新春，谢建军．刍议毛竹林地的有序流转［J］．湖南林业科技，2006，33（5）：77~81
3. 柏章良，龙新毛，张立新．湖南资兴市林地流转改革调研报告［J］．林业经济，2006，(8)：22~24
4. 鲍海君，吴次芳．关于征地补偿问题的探讨［J］．价格理论与实践，2002，(6)：28~30
5. 蔡宜增．试论农地使用权市场化流转的制约因素［J］．龙岩师专学报，2000，(1)：50~51，64
6. 蔡运龙．中国农村转型与耕地保护机制［J］．地理科学，2001，(1)：1~6
7. 曹祖涛．完善我国林权法律制度初探［J］．林业科学，2006，42（6）：94~99
8. 车裕斌．中国农地流转机制研究［M］．北京：中国农业出版社，2004：33~120
9. 陈辉祥．深化集体林权制度改革引发的矛盾问题及对策［J］．防护林科技，2006，(3)：60~61
10. 陈世清，王佩娟，郑小贤．南方集体林区森林资源产权变动管理对策研究［J］．绿色中国，2005，(18)：30~33
11. 陈文波，张志云，郑蕉．我国用材林林价测算方法研究进展［J］．江西农业大学学报，2000，22（3）：411~414
12. 陈锡文，韩俊．如何推进农民土地使用权合理流转［J］．学习与研究，2002，(4)：33~36
13. 陈锡文．低价征收土地至少使农民损失2万亿元［N］．中国经济时报，2002年10月17日
14. 陈锡文．坚持集体林权制度改革 推进新农村建设［J］．林业经济，2006，(6)：9~11
15. 陈曜，罗进华．对中国农村土地流转缓慢原因的研究［J］．上海经济研究，2004，(6)：29~35
16. 陈永源，谢德海．福建省南平市集体林权制度改革的实践与建议［J］．林业经济问题，2005，5（5）：291~294
17. 程云行．南方集体林区林地产权制度研究［M］．北京：中国林业出版社，2005：195
18. 戴广翠，徐晋涛，王月华，谢晨，王郁．中国集体林产权现状及安全性研究研究

[J]．林业经济，2002，(11)：30~33
19. 戴星翼，蒋兴禄．探路人的足迹——永安集体林权制度改革研究［M］．北京：中国林业出版社，2006：66
20. 单胜道．林地价格及其形成［J］．林业经济问题，2000，20（3）：160~162
21. 单胜道，尤建新．论林地定级估价［J］．资源科学，2003，25（3）：43~48
22. 单胜道．成本逼近法及其在农地评估中的应用［J］．资源科学，2002，（6）：18~21
23. 单胜道．农地价格评估影响因素研究［J］．西安工程学院学报，2002，（2）：72~77
24. 邓大才．农村土地使用权流动的障碍：内生机制不完备［J］．扬州大学学报：人文社科版，2000，(4)：43~47
25. 邓大才．农地社会价值及其核算［J］．云南行政学院学报，2002，(2)：62~66
26. 邓大才．试论农村地产市场发育的障碍与对策［J］．中国软科学，1997，（11）：22~29
27. 丁胜，沈文星．林地流转中的利益分配问题及其对策［J］．南京林业大学学报（人文社会科学版），2002，2（3）：63~65
28. 段文技．国外土地征用制度的比较与借鉴［J］．世界农业，2001，(11)：18~19
29. 樊喜斌．关于林地流转问题的探讨［J］．林业资源管理，2006，(4)：29~33
30. 高岚，王富炜，李道和编著．森林资源评价理论与方法研究［M］．北京：中国林业出版社，2006，21~22
31. 广东省惠州市农业局．稳定承包关系 规范流转管理［J］．农村经营管理，2003，(5)：17~18
32. 郭岚．土地征用的国际比较与政策建议［J］．外国经济与管理，1996，（5）：44~46
33. 郭立芳，陈利根．构建社会保障型的耕地补偿安置制度［J］．中外房地产导报，2003，(18)：20~22
34. 国家林业局．中国林业统计年鉴（2005）［Z］．北京：中国林业出版社，2005
35. 华启清，林卿．福建林地可持续利用的制度方法选择［J］．林业经济问题，2006，26（2）：150~153
36. 黄佩燕．行为经济学的发展及其价值研究［D］（博士学位论文）．复旦大学，2003
37. 黄李焰，陈少平，陈泉生．论我国森林资源产权制度改革［J］．西北林学院学报，2005，20（2）：186~192
38. 黄丽萍．中国农地使用权流转研究［D］（博士学位论文）．厦门大学，2006
39. 黄贤金．江苏省耕地资源价值核算研究［J］．江苏社会科学，1999，(4)：55~60
40. 黄贤金．农地价格论［M］．北京：中国农业出版社，1995：12~14
41. 霍雅勤，蔡运龙．可持续理念下的土地价值决定与量化［J］．中国土地科学，2003，(2)：19~23

42. 集体林权制度改革调研组．云南省集体林权制度改革调研报告［J］．林业经济，2007，(6)：8~12
43. 江西省林业志编辑委员会．江西林业志［M］．合肥：安徽黄山书社，1999
44. 江西省统计局．江西省林业产权制度改革与农民增收—专题统计调查报告［Z］．2006：3
45. 江西省统计局．江西省统计年鉴（2005、2007）［Z］．北京：中国统计出版社，2005
46. 蒋兴国，王智．遂宁市集体耕地使用权流转趋势及管理对策［J］．农村经济，1998，(7)：4~6
47. 蒋兴国，王智．耕地使用权在农业内部流转的制约因素［J］．农业经济问题，1998，(4)：58
48. 柯水发，温亚利．中国林业产权制度变迁进程 动因及利益关系分析［J］．绿色中国，2005，(10)：29~32
49. 孔凡文，杜凤伟．加强农地资产收益使用管理刻不容缓［J］．调研世界，1999，(8)：35
50. 孔祥斌，张凤荣，李霖．农用地估价方法探讨［J］．河北农业大学学报，2002，(4)：57~61
51. 孔祥智，郭艳芹，李圣军．集体林权制度改革对村级经济影响的实证研究——福建省永安市15村调查报告［J］．林业经济，2006，(10)：17~21
52. 黎元生．论培育我国农地产权市场［J］．农业经济，1998，(12)：32~33
53. 李尔斌，孙延华．论国有林区林地流转的难点与对策［J］．林业财务会计，2005，(6)：13~14
54. 李凤山．财务指标法在工业人工林栽培经济评价中的应用［J］．森林工程，2002，18（1）：22~23
55. 李立清，李燕凌．从新制度经济学角度看我国非公有制林业发展的必然性［J］．林业经济，2003，(1)：49~51
56. 李小玲，季坤．明清时代婺源木材商人［J］．兰州教育学院学报，2007，(3)
57. 李娅．江西省集体林区林权改革效果、问题及对策研究［D］．硕士学位论文，河北农业大学，2007
58. 李周．论林业经济理论创新的条件和源泉［J］．林业经济．1998，(2)：75~78
59. 梁明莲，江明峻．林地流转的问题与对策［J］．中国林业，2004，(11A)：34
60. 梁亚荣，万颖萍．对土地承包经营权应给予补偿［J］．中国土地，2003，(4)：9~12
61. 林善浪．国外土地产权的发展趋势及其对我国农地制度改革的启示［J］．福建师范大学学报（哲社版），2000，(1)：17~23
62. 林毅夫．制度、技术与中国农业发展［M］．上海：上海人民出版社，1994：93~96
63. 林玉妹．构建立体产权关系：农村土地产权制度的完善与发展［J］．中共福建省委

党校学报，2001，(1)：24～28

64. 刘璨，吕金芝，王礼权，林海燕．集体林产权制度分析—安排、变迁与绩效（续一）［J］．林业经济，2006，(12)：58～62

65. 刘璨，吕金芝，王礼权，林海燕．集体林产权制度分析—安排、变迁与绩效［J］．林业经济，2006，(11)：11～16

66. 刘璨．社区林业制度绩效与消除贫困研究—效率分析与案例比较［M］．北京：经济科学出版社，2005：23

67. 刘春杰．滨州市林地使用权流转的调查［J］．林业科技开发，2002，16（1）：60～62

68. 刘汉裔，秦晓燕．为了规范有序—上海农村集体非农建设用地流转管理调研报告［J］．中国土地，2001，(11)：19～22

69. 刘浩，葛吉琦．国内外土地征用制度的实践及其对我国征地制度改革的启示［J］．农业经济，2002，(5)：33～35

70. 刘红梅，王克强．上海市农村集体土地使用权流转发展的特点［J］．农业现代化研究，2001，(5)：317～320

71. 刘宏明．试论林权概念的修正［J］．林业经济，2006，(11)：21～25

72. 刘宏明．我国林权若干法律问题研究［J］．北京林业大学学报，2004，3（4)：43～47

73. 刘甲朋，崔嵬．中国农地流转研究观点综述明［J］．学术动态，2003（6)：55～59

74. 刘金龙．对中国集体林区产权改革诸问题的认识［J］．林业经济，2006，(8)：12～16

75. 刘金平，杨永国，沈通生．土地自然价值及其“生态环境价格”［J］．中国矿业大学学报，1995，(4)：105～109

76. 刘克春．农户农地流转决策行为研究—以江西为例［D］(博士学位论文)．浙江大学，2006

77. 刘伟．经济改革与发展的产权制度解释［M］．北京：首都经济贸易大学出版社，2000：7

78. 刘友凡．稳定承包权 放活经营权［J］．中国农村经济，2001，(10)：19～22

79. 楼惠新，张建新．论经济发达地区农村土地流转问题［J］．农业现代化研究，2002，(3)：215～218

80. 吕月良，施季森，张志才．福建省集体林权制度改革的实践与思考［J］．南京林业大学学报（人文社科版)，2005，5（3)：78～82

81. 马爱国．我国森林资源产权分析［J］．国家行政学院学报，2003，(2)：44～49

82. 马克思．马克思恩格斯全集（第30卷）［C］．北京：人民出版社，1995：608

83. 欧海若，吴次芳．韩国的土地征收制度及其借鉴［J］．国土经济，1999，(4)：43～45

84. 彭诗隆，刘渐根．从怀化地区股份合作林场的发展看南方集体林区经营形式的改革

[J]．林业经济问题，1998，(3)：36～42
85. 彭显明．创新流转机制 盘活林业资产［J］．农村经济与科技，2000，11（8）：9～10
86. 綦好东．试论农地使用权的市场化流转［J］．科技导报（北京），1997，(10)：39～41，60
87. 贾治邦．中国农村经营制度的又一重大变革—对集体林权制度改革的几点认识［J］．求是，2007，(17)：27～29
88. 彭俊．社会折现率的理论讨论与选择［D］（硕士学位论文）．同济大学，2004
89. 钱文荣．农地市场化流转中的政府功能探析—基于浙江省海宁、奉化两市农户行为的实证研究［J］．农业经济导刊，2004，(1)：14～19
90. 钱忠好．农村承包经营权市场流转：理论与政策分析［J］．管理世界，2002，(6)：35～45
91. 钱忠好．乡村干部行为与农地承包经营权市场流转［J］．江苏社会科学，2003，(5)：41～45
92. 乔永平，聂影，曾华锋．集体林权制度改革研究综述［J］．安徽农学通报，2007，13（8）：4～6
93. 邱俊齐．林业经济学［M］．北京：中国林业出版社，2007：106
94. R. 科斯，A. 阿尔钦，D. 诺斯等．财产权利与制度变迁［C］．上海：上海三联书店，1994：20，24，37～40
95. 商春荣．土地征用制度的国际比较与我国土地资源的保护［J］．农业经济问题，1998，(5)：25～29
96. 上官增前．浅谈我国林地制度的改革［J］．林业经济，1994，(5)：62～63
97. 邵权熙，张大红，刘金龙，谭景长，张佑华．湖南省浏阳市林权流转现状、问题及对策［J］．林业经济，2007，(6)：17～21
98. 沈文星，丁胜．林地资源收益分配的法律探讨［J］．林业经济问题，2001，21（4）：202～205
99. 沈文星，马天乐，赵元刚．江苏省林业产权制度改革林地流转政策研究［J］．林业经济问题，2001，21（5）：264～268
100. 沈文星，佘光辉．福建集体林产权制度改革利益冲突的制度控制［J］．林业经济，2006，(11)：26～29，32
101. 沈月琴．论林地流转问题［J］．林业与社会，2000，(2)：5～7
102. 施晓琳．论土地承包经营权人的权利和义务［J］．中国农村经济，2001，(5)：60～66
103. 石爱虎．现阶段我国农地价格的确定与管理［J］．农业经济问题，1993，(11)：26～30
104. 石德金，佘健辉．森林资源产权探析［J］．林业经济问题，1995，(2)：49～52
105. 石山．促进林地流转制度改革实现林业经营方式突破［J］．林业经济，2002，

(6)：26～27
106. 舒尔茨．改造传统农业［M］．北京：商务印书馆，1987：30
107. 宋冬梅．建立森林资源流转制度 促进森林资源资产抵押［J］．林业财务会计，2002，(6)：18
108. 宋志斌．关于农村土地价值实现的思考［J］．经济体制改革，2003，(5)：71～72
109. 孙军，李志业，卢强，徐彦海．农村税费改革对农村土地承包制度影响的研究［J］．农业经济，2005，(9)：16～18
110. 孙妍，徐晋涛，李凌．林权制度改革对林地经营模式影响分析［J］．林业经济，2006，(8)：7～11
111. 谭世明．试论林业产权问题［J］．林业经济问题，1997，(4)：13～18
112. 汤肇元，郑四渭，韩国康，葛学斌．浙江省集体林区山林流转调查与分析［J］．浙江林业科技，2002，22 (1)：1～7
113. 唐志，朱友君．完善林地产权市场体系 促进林地有序流转［J］．林业财务会计，2004，(6)：9～10
114. 田琳．林权用益权制度研究［J］．林业工作研究，2004，(10)：28～36
115. 童北海，王丰华，周样正．鹰潭市林地资源流转的现状与对策［J］．华东森林经理，2004，17 (4)：42～44
116. 万志芳．论政府对林业企业的有效规制［J］．绿色中国，2004，(Z1)：93～96
117. 汪晖．城乡结合部的土地征用：征用权与征地补偿［J］．中国农村经济，2002，(2)：40～46
118. 汪祥顺，甘怀民，金明．健全林业经营体制与林业可持续发展—对我国南方集体林区林业经营体制改革的调查分析与建议［J］．安徽农业科学，2002，30 (4)：607～610
119. 王迪生．从德国的实践谈我国森林资源有偿流转［J］．林业资源管理，2001，(5)：5～9
120. 王飞，万志芳，于志杰．论国有林流转的必要性［J］．中国林业企业，2005，(71)：7～9
121. 王景新．中国农村土地制度的世纪变革［M］．北京：中国经济出版社，2001：71
122. 王克强．农地价格运作成因及其特征分析［J］．农业经济问题，1997，(3)：30～34
123. 王合德．浅析林地地租和林地价格［J］．经济经济，1994，(1)：71～75
124. 王礼权．江西遂川县林业产权制度改革参与式问题研究［J］．林业经济，2006，(8)：25～27
125. 王礼权．林地产权制度改革问题的经济学研究［J］．江西林业科技，2006，(2)：53～55
126. 王绿林．采取五种模式流转森林资源［J］．农村经济与科技，2000，11 (6)：30
127. 王润章，刘源望．湖北省林地使用权流转情况调查与思考［J］．林业经济，2003，

(3)：32~34

128. 王万茂，黄贤金．基于产出模型的耕地价格评估方法［J］．经济地理，2003，(3)：359~362
129. 王万茂，黄贤金．中国大陆农地价格区划和农地估价［J］．自然资源，1997，(4)：1~8
130. 王文峰．从主体利益角度透视我国农村的土地流转制度［J］．生产力研究，2005，(10)：45~46
131. 王文辉．江西山林权属变革总数［J］．江西林业科技，2005，(6)：24~26
132. 王新清．集体林权制度改革绩效与配套改革问题［J］．林业经济，2006，(6)：15~18
133. 温世扬．集体所有土地诸特权形态剖析闭［J］．法制与社会发展，1999，(2)：39~43
134. 沃燕红，胡品平．广东森林、林木和林地流转中的几个问题及其对策的探讨［J］．广东林勘设计，2005，(4)：13~17
135. 吴德进．试析林业产权的特点与乡村集体林业产权制度缺陷［J］．林业经济，1998，(7)：20~22
136. 吴广宏．德国的林业和森林资源有偿流转概况［J］．天津农林科技，2001，(1)：36~40
137. 吴晗．集体土地使用权流转制度研究［J］．农村经济文摘，1996 (3)：38~45
138. 吴军，徐德云．林地流转是建德市集体林区森林经营的有效方式［J］．华东森林经理，2003，17 (1)：14~17
139. 吴宣恭等．产权理论比较：马克思主义与西方现代产权学派［M］．北京：经济科学出版社，2000
140. 吴易风．西方产权理论和我国产权问题［J］．高校理论战线，1994，(3)：15~19
141. 肖艳，曹玉昆．国有林区林地流转政策保障体系研究［J］．农村经济，2007，(2)：24~25
142. 肖平，张敏新．森林资源资产评估中折现率的选择［J］．林业资源管理，1997，(5)：10~15
143. 谢正磊，林政山，蒋萍莉［J］．基于农户行为的农用地流转实证研究——以南京市栖霞区三镇为例．农业经济问题，2005，(5)：39~42
144. 徐承强，李枝荣．关于强化土地管理机制的探讨［J］．中国土地科学，1997，(增刊)：74~76
145. 徐放明．正确处理农村土地流转中的三个关系［J］．农村合作经营经济管理，2003，46
146. 徐辉，李薇．推进农地流转的对策思考［J］．农村经济与科技，2002，(11)：7~8
147. 徐秀英，马天乐，刘俊昌．南方集体林权制度改革研究［J］．林业科学，2006，42 (8)：121~129

148. 徐秀英，沈月琴，万刚，徐有银．林地流转的难点、问题与对策—临安市林地流转的调查［J］．浙江林业科技，2000，20（6）：54～59
149. 徐秀英，沈月琴．林地流转市场的政府干预行为研究［J］．林业经济问题，2002，22（4）：199～203
150. 徐秀英，石道金．集体林地产权制度改革探析考［J］．林业经济问题，2003，23（3）：131～135
151. 徐秀英，吴伟光．南方集体林地产权制度的历史变迁［J］．世界林业研究，2004，17（3）：40～43
152. 徐秀英．南方集体林区森林可持续经营的林权制度研究［M］．北京：中国林业出版社，2005：155
153. 徐正春，王权典，景彦勤．广东森林资源流转的现状、问题与对策研究［J］．北京林业大学学报（社会科学版），2005，4（4）：41～45
154. 严成．林权制度改革—新时期林业生产关系的重大调整［J］．江西林业科技，2006，（2）：1～5
155. 杨德才．我国农业发展问题研究［M］．北京：经济科学出版社，2002：25～41
156. 杨福盛．搞好集体土地流转管理是农村可持续发展的迫切需要［J］．国土经济，1998，（3）：36～37
157. 杨庆媛，印文．收益还原法在农业用地价格评估中的应用浅析［J］．西南师范大学学报（自然科学版），1999，（1）：103～109
158. 杨学成，曾启．试论农村土地流转的市场化［J］．管理世界，1994，（4）：183～186
159. 杨馥宁，公培臣，郑小贤，张蕾（译）．土地收益的期望价值估算研究—无林地及未成熟林分的价值估算［J］．林业经济，2007，（6）：72～77
160. 姚洋．非农就业结构与土地租佃市场的发育［J］．中国农村观察，1999，（2）：16～21
161. 姚洋．集体决策下的诱导性制度变迁—中国农村地权稳定性演化的实证分析［J］．中国农村观察，2000，（2）：11～19
162. 姚洋．中国农地制度：一个分析框架［J］．中国社会科学季刊，2000（2）：54～56
163. 尹志娟，刘华根．江西省集体林产权制度改革的探讨［J］．内蒙古林业调查设计，2006，29（4）：75～77
164. 应风其，张忠根．农民进城：动力、阻力及制度创新［J］．农业经济，2002，（10）：32～34
165. 尤文碧．加强农村集体土地流转管理的思考［J］．国土经济，2001，（2）：35～37
166. 于代松、朱穆超．物化土地使用权 构建农村土地流转的市场机制［J］．国土资源科技管理，2002，（6）：14～16
167. 于广思．改革是在必行—对当前我国土地征用制度的思考［J］．中国土地，2001，（9）：12～14

168. 俞奉庆，蔡云龙．耕地资源价值探讨［J］．中国土地科学，2003，(2)：8~13
169. 翟佳，吴普侠，杨君，郭震．陕北集体林产权制度改革探析［J］．西北农林科技大学学报（社会科学版），2006，6（6）：2~5
170. 张春霞．社会林业制度创新中产权制度改革的思路［J］．林业经济问题，1998，(2)：13~16
171. 张国明，朱介石．关于江西省集体林权制度改革的问题［J］．林业经济，2007，(6)：3~7
172. 张红霄，张敏新，刘金龙．集体林权制度改革："轮包制"的制度效应与瑕疵分析［J］．林业经济，2007，(6)：22~26
173. 张红宇．中国农村的土地制度变迁［M］．北京：中国农业出版社，2005：140
174. 张建国，章静．关于南方集体林区林地问题的研究［J］．林业经济问题，1995，(1)：1~11
175. 张蕾，奉国强，崔平．南方集体林业产权问题研究［J］．林业经济，2002，(3)：37~40
176. 张蕾，巫忠泽，朱福华．推动林地市场化配置 促进林业可持续经营—四川省林地流转调查报告［J］．林业经济，2000，(4)：15~22
177. 张立平．东部发达地区农地流转过程中农户行为研究［D］．硕士学位论文，华中农业大学，2007
178. 张敏新，肖平．南方集体林区森林产权的界定与清晰［J］．林业经济问题，1999，(5)：1~11
179. 张仁寿．农民进城动力探析［J］．中国农村经济，2001，(3)：61~64
180. 张盛钟，卢春英．集体林权制度改革与资产评估探析［J］．林业财务会计，2005，(9)：24~25
181. 张盛钟．浅析集体林权制度改革与森林资源流转［J］．中国林业，2006，(4A)：25~26
182. 张笑寒．关于构建我国农用地市场流转制度的思考［J］．中国土地科学，2001，(5)：31~33
183. 张业相，郭志强，刘艳君．农地流转初具规模规范管理亟待加强—对常德市农村集体土地流转情况的调查与思考［J］．湖南农业大学学报（社会科学版），2002，(1)：30~32
184. 张哲峰．对待林业生产必须轻赋薄税［J］．林业财务会计，2005，(11)：25~26
185. 张正全．云南省集体林权制度改革浅见［J］．林业调查规划，2006，31（5）：131~133
186. 张志宏．加强和完善土地流转过程中档案的管理［J］．档案天地，2002，(5)：34
187. 张志云，刘信中，蔡学林，邱水文．江西森林资源发展现状及对策［J］．江西林业科技，1996，(3~4)：22~41
188. 赵勇．加强合同管理 完善土地流转机制—对强化土地使用权流转管理的几点认识

[J]．农村经济，1996，(1)：22~23
189. 浙江大学农业现代化与农村发展研究中心，浙江省农业厅联合调查组．农村土地流转：新情况、新思考—浙江农村土地流转制度的调查［J］．中国农村经济，2001，(10)：11~18
190. 郑临训，江红．福建南平集体林权制度改革回顾与思考［J］．林业经济，2006，(3)：35~39
191. 郑四渭，韩国康，任玲华，唐志．浙江省生态公益林建设中林地流转基本问题研究［J］．林业资源管理，2000，(2)：25~28，76
192. 中国集体林发展研究课题组，国家林农业局经济发展研究中心．中国集体林发展研究综述［J］．中国集体经济，2004，(7)：23~26
193. 中华人民共和国农业部．中国农业发展报告（1995）［M］．北京：中国农业出版社，1996：140
194. 钟京涛．强化农地管理权［J］．中国土地，1999，(3)：22~23
195. 钟全林，陈少腾，王桂英．集体林权制度改革后面临的森林资源管理问题及对策［J］．林业经济，2007，(6)：30~33
196. 钟涨宝，陈小伍，王绪朗．有限理性与农地流转过程中的农户行为选择［J］．华中科技大学学报（社会科学版），2007，(2)：113~118
197. 钟涨宝，狄金华．中介组织在土地流转中的地位与作用［J］．农村经济，2005，(3)：35~37
198. 钟涨宝，汪萍．农地流转过程中的农户行为分析［J］．中国农村观察，2003，(6)：55~64
199. 钟涨宝．农地资源流转过程中的农户行为分析［D］（博士学位论文）．华中农业大学，2004
200. 朱传忠．集体林权制度改革的对策探讨［J］．湖北林业科技，2006，(6)：53~55
201. 朱仁友，崔太平．我国农地估价中运用收益还原法存在的问题与求解［J］．商业研究，2001，(2)：75~77
202. 朱仁友．土地征用制度改革需要解决的主要问题［J］．改革与战略，2002，(12)：32~34
203. 庄尔奇，常智慧．站村联营是集体林经营的一种好形式［J］．林业经济，2001，(7)：60~62
204. Alig，Ralph J.. Econometric analysis on the factors influenceing forest acreage trends in the southest［J］. Forest Science，1986，31（1）：119~134
205. Alig，Ralph J.，Adams Darius M.，McCarl Rruce A.. Impacts of Incorporating Land Exchanges Between Forestry and Agriculture in Sector Models［J］. Journal of Agricultural and Applied Economics，1998，30（2）：389~401
206. Bogaert T.，Willamson I. P.，Fendel E. M.. The roles of land administration in the accession of central European countries to the European Union. Land Use Policy［J］，2002，

19 (1): 29~46

207. Darla K. Munroe, Abigail P. York. Jobs, House, and Tress: Changing Regional Structure, Local Land-Use Pattern, and Forest Cover in Southern Indiana. Growth and Change [J], 2003, 34 (3): 299~320

208. Dong Xiao-Yuan. Two-Tier Land Tenure System and sustained Economic Growth in Post-1987 Rural China [J]. World Development, 1996, 24 (5): 915~928

209. Douglas C. Macmillan. An economic case for land reform [J]. Land Use Policy, 2002, 17 (1): 49~57

210. Horst Weyerhaeuser, Fredrich Kahrl, Su Yufang. Ensuring a future for collective forestry in China' s southwest: Adding human and social to policy reforms [J]. Forest Policy and Economics, 2006, 8 (4): 375~385

211. JohnL. Pender, John M. Kerr. The effects of lands sales restriction: evidence from south India [J]. Agricultural Economics, 1999, 21 (3): 279~294

212. Joshua M. Duke, Eleonora M. Price repression in the Slovak agricultural land market [J]. Land Use Policy, 2004, (21): 59~69

213. Matthew G. Agricultural land reform in Moldova [J]. Land Use Policy, 2001, 18 (3): 269~279

214. Peter Ho. Development Dilemmas: Land Reform and Institutional Change in China [M]. London: Routledge, 2005

215. Runsheng Yin, David H. Newman. Impacts of rural reforms: the case of the Chinese forest sector [J]. Environment and Development Economics, 1997, 2 (3): 291~305

216. Schlager E., E. Ostrom. Property-rights regimes and natural resources: A conceptual analysis [J]. Land Economics, 1992, 68 (3): 249~262

217. Terry van Dijk. Scenarios of central European land fragmentation [J]. Land Use Policy, 2003, 20 (2): 145~158

218. Tesfaye T., Audnga L. Factors Affecting entry intensity in informal rental Land markets in the southern Ethiopian highlands [J]. Agricultural Economics, 2004, 30 (2): 117~128

219. Yajie Song, Guoqian Wang, William R. Burch, Jr, Michael A. Rechilin. From innovation to adaptation: lessons from 20 years of the SHIFT forest management system in Sanming, China [J]. Forest Economics and Policy, 2004, 191 (1~3): 225~238

220. Yajie Song, William R. Burch, Jr, Gordon Geballe, Liping Geng. New organizational strategy for managing the forests of southeast China: The share-holding integrated forestry tenure (SHIFT) system [J]. Forest Economics and Policy, 1997, 91 (2~3): 183~194

221. William F. Hyde, Gregory S. Amacher, William Magrath. Deforestation and Forest Land Use: Theory, Evidence, and Policy Implications [J]. World Bank Research Observer, 1996, 11 (2): 223~248

后　　记

从1999年本科毕业离开北京林业大学，2003年考回母校攻读硕士学位，2006年转为攻读博士学位，完成博士论文，再到今日完成书稿，求学之路充满坎坷。值此搁笔之际，谨向各位在我求学之路和研究过程中给予了关怀和帮助的师长、同学敬上由衷的谢意。

首先我要对导师温亚利教授致以最为诚挚的感谢。在过去的5年中，温老师为我的学习、科研和生活倾注了大量的时间和心血。本书从研究思路拟定、研究视角确定、研究方法选择、实证调研，到最后定稿，都凝聚了温老师的学识和智慧。在求学期间，温老师给予了大量参与科研课题的机会，使得我的科研能力和学术素养得以快速提高。温老师学识渊博、治学严谨、师德高尚、宽仁为怀的道德风尚，为我日后行事做人的楷模。

瑞典农业大学公培臣教授在2007年访问我校期间，对于本研究选题、研究方法的选择、研究方案的设计提出了许多宝贵意见，让我受益匪浅。在多次访问我校期间，公老师不辞旅途劳累，利用休息时间，将国外林业经济理论、研究方法、最新研究成果于我知晓，极大地拓展了我的学术视野。在写作期间，公老师不厌其烦地指导了我如何正确运用Faustmann林价公式。

本研究实证调研期间，得到了国家林业局、江西省林业厅、铜鼓县林业局、遂川县林业局工作人员给予的无私帮助，在此致以特别感谢，他们是邢红、钟华友、莫沫、吴满元、严成、李锜、王礼权、余翔华、彭铁英、何齐发、涂晓彬、郭金龙、王志强、李阳、陈鹏、曾招发、王雪平、周云华、刘礼河、彭兼明、刘新华等。在此，也感谢江西省铜鼓县战坑村、遂川县双溪村等村委员会袁才桂、冯起祥等同志，以及所有接受调查的农户，在村级和农户调查中给予的大力协助。

还要感谢李小勇副教授和贺超讲师，姚星期、乔厦、廖燕等研究生，正是他们在实证调研工作中付出了辛勤劳动，才使得本研究顺利获得了大量数据。在调研过程中，与拥有丰富流转实践经验的王联茂高工进行了多次讨论，为本研究的开展减少了颇多周折。

非常感谢经济管理学院刘俊昌教授、陈建成教授、高岚教授、聂华教授、张大红教授、李宏勋副教授、李强副教授，在我攻读博士学位期间给予了大量的鼓励和学术指导，使得我一直斗志昂扬地应对学业中的困难。

2005～2007年间，得到了国家林业局野生动植物保护司宝贵的兼职工作机会，使得自己对于中国林业实践有了深刻认识。在此，我对给予关心和帮助的刘永范、王伟、王维胜、鲍达明、斯萍、阮向东、张德辉等同志致以深深的谢意。

我还要感谢王晓军、李亚军、徐龙、张满林、周雄志、张广裕、颜颖、张红、邢祥娟等博林经06班同学，以及张达猛、徐铭基、柯水发、仲艳维、张力等林经95－1班同学，在我博士学习期间给予的无私帮助。

我特别感激我的父母、爱人和妹妹等家人，能完成博士学业与他们在精神上给予的支持和生活上给予的关心密不可分。

书中肯定存在不足与错误，我愿对此承担全部责任。恳请专家、学者和读者不吝赐教。

著　者

2009年3月20日